新学習指導要領対応

学校でも、家庭でも
教科書レベルの力がつく！

国語 小学3年生 習熟プリント

学力の基礎をきたえどの子も伸ばす研究会
細川元子 著
金井敬之 編

これなら
できた！

清風堂書店

はじめに

本書は、発売以来三十年以上も学校や家庭で支持され、歴史を積み重ねてきました。
それは、「勉強に苦手意識のある子どもを助けたい」という私たちの願いを皆様に感じ取っていただけたからだと思います。
今回の改訂では、より子どもの学習の質を高める特長を追加しました。

変わらない特長

○通常のステップよりも、さらに細かくスモールステップにする。
○大事なところは、くり返し練習して習熟できるようにする。
○教科書レベルの力がどの子にも身につくようにする。

新しい特長

○読みやすさ、わかりやすさを考えた「太めの手書き風文字」
○解答は、本文を縮小し、答えのみ赤字で表した「答え合わせがしやすい解答」
○随所に、子どもの意欲・自己肯定感を伸ばす「ほめる・はげます言葉」
○学校でコピーする際に便利な「消えるページ番号」
（※本書の「教育目的」や「私的使用の範囲」以外での印刷・複製は、著作権侵害にあたりますのでおやめください。）

小学校の国語科は、学校で使用する教科書によって、進度・内容が変わります。
そこで本書では、前述の特長を生かし、どの子にも力がつく学習ができるように工夫をしました。
まず、「文字学習」「語彙学習」「文法学習」「読解学習」といった幅広い学習内容に対応し、
子ども一人一人の目的に合わせた学習を可能にしました。

また、ポイントの押さえ方がわかる構成と、基本に忠実で着実に学力をつけられる問題で、苦手な子でも自分の力で取り組めるようにしています。

文章を「読む力」「書く力」は、どんな時代でも必要とされる力です。

本書が、子どもたちの学力育成と、「わかった！」「できた！」と笑顔になる一助になれば幸いです。

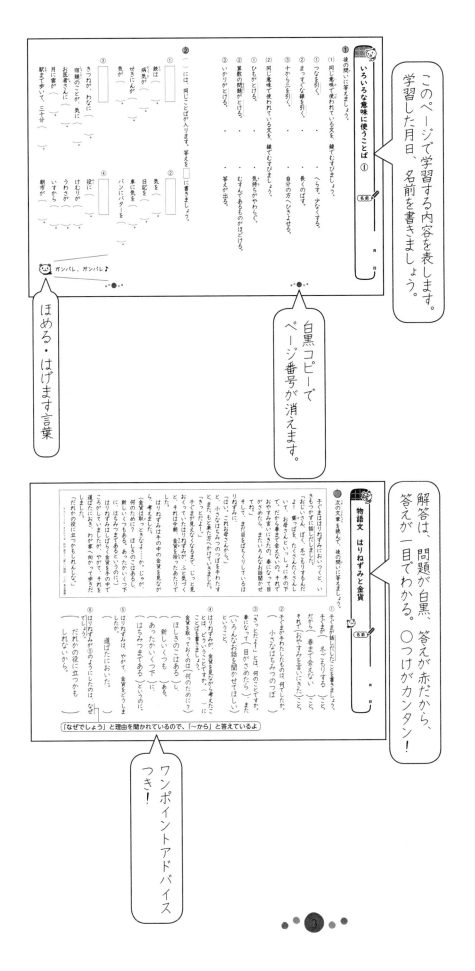

このページで学習する内容を表します。学習した月日、名前を書きましょう。

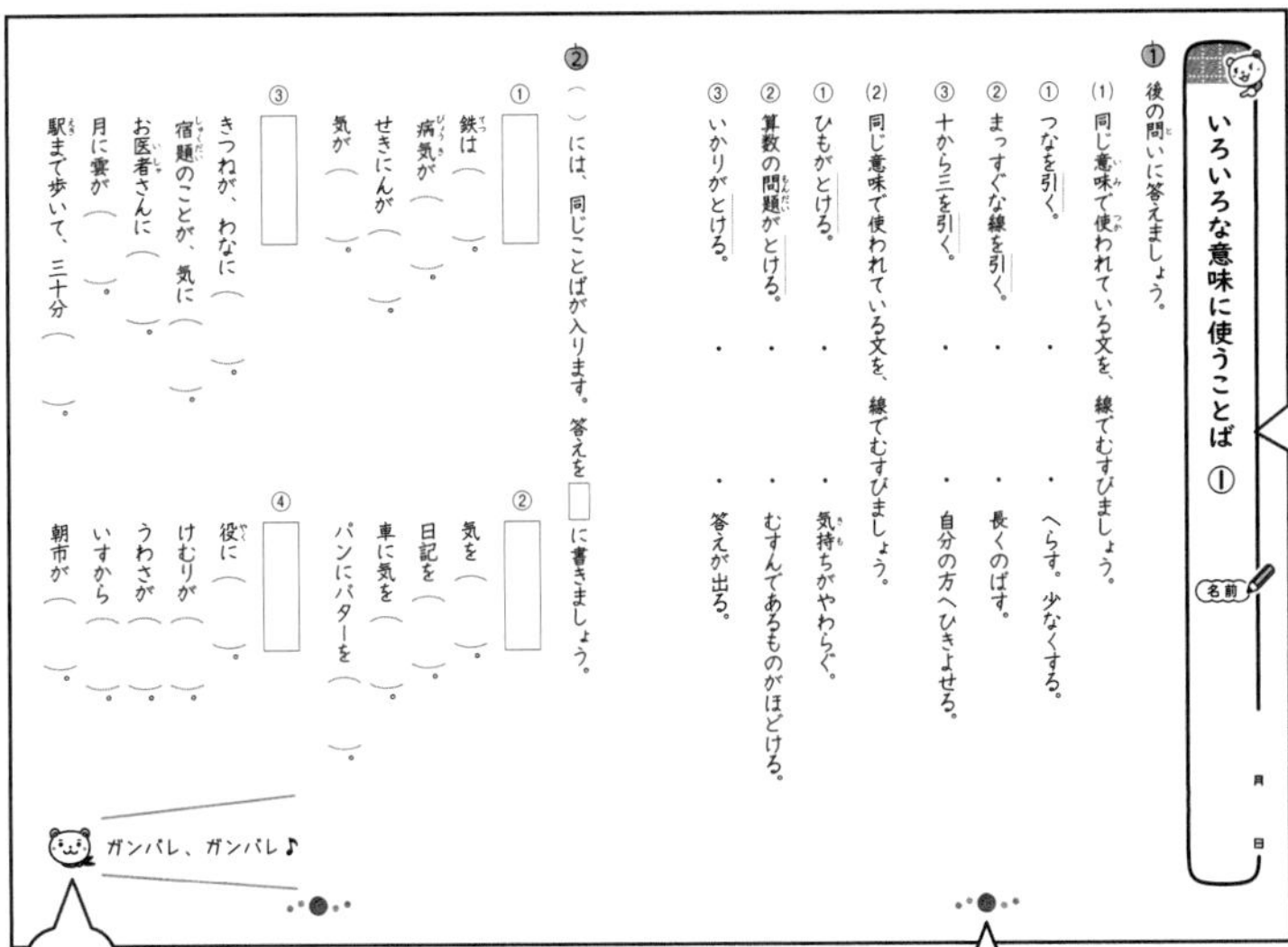

いろいろな意味に使うことば ①

名前　　月　日

① 後の問いに答えましょう。

(1) 同じ意味で使われている文を、線でむすびましょう。

① つなを引く。・　・へらす。少なくする。
② まっすぐな線を引く。・　・長くのばす。
③ 十から三を引く。・　・自分の方へひきよせる。

(2) 同じ意味で使われている文を、線でむすびましょう。

① ひもがとける。・　・気持ちがやわらぐ。
② 算数の問題がとける。・　・むすんであるものがほどける。
③ いかりがとける。・　・答えが出る。

② （　）には、同じことばが入ります。答えを□に書きましょう。

① □
鉄は（　）。
病気が（　）。
せきにんが（　）。
気が（　）。

② □
気を（　）。
日記を（　）。
車に気を（　）。
パンにバターを（　）。

③ □
きつねが、わなに（　）。
宿題のことが、気に（　）。
お医者さんに（　）。
月に雲が（　）。
駅まで歩いて、三十分（　）。

④ □
役に（　）。
けむりが（　）。
うわさが（　）。
いすから（　）。
朝市が（　）。

ガンバレ、ガンバレ♪

白黒コピーでページ番号が消えます。

ほめる・はげます言葉

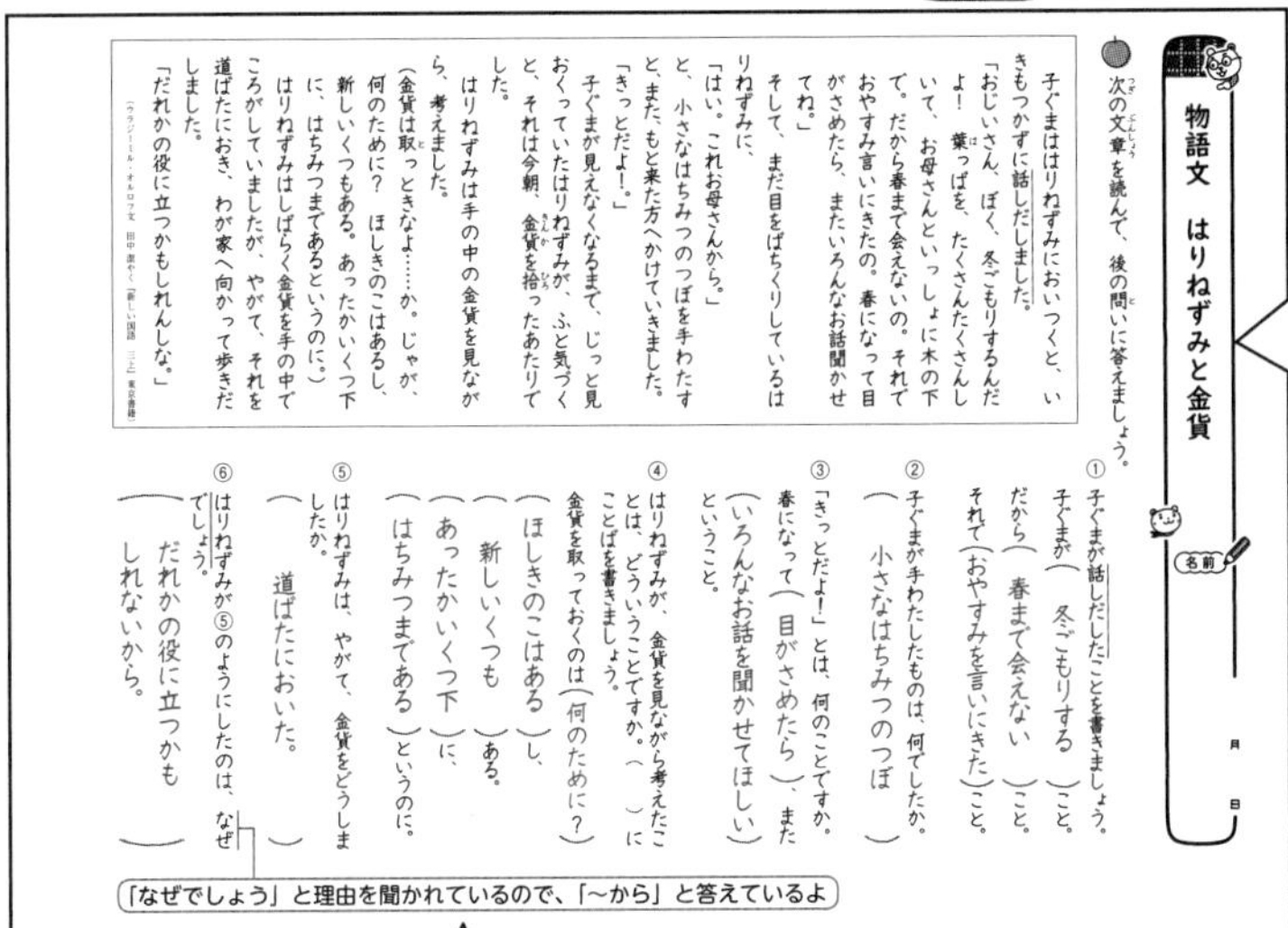

物語文　はりねずみと金貨

名前　　月　日

次の文章を読んで、後の問いに答えましょう。

子ぐまははりねずみにおいつくと、いきもつかずに話しだしました。

「おじいさん、ぼく、冬ごもりするんだよ！ 葉っぱを、たくさんたくさんしいて、お母さんといっしょに木の下で。だから春まで会えないの。それでおやすみ言いにきたの。春になって目がさめたら、またいろんなお話聞かせてね。」

そして、まだ目をぱちくりしているはりねずみに、

「はい。これお母さんから。」

と、小さなはちみつのつぼを手わたすと、またもと来た方へかけていきました。

「きっとだよ！。」

子ぐまが見えなくなるまで、じっと見おくっていたはりねずみが、ふと気づくと、それは今朝、金貨を拾ったあたりでした。

はりねずみは手の中の金貨を見ながら、考えました。

（金貨は取っときなよ……か。じゃが、何のために？ ほしきのこはあるし、新しいくつもある。あったかいくつ下に、はちみつまであるというのに。）

はりねずみはしばらく金貨を手の中でころがしていましたが、やがて、それを道ばたにおき、わが家へ向かって歩きだしました。

「だれかの役に立つかもしれんしな。」

（ウラジーミル・オルロフ文　田中 潔やく「新しい国語　三上」東京書籍）

① 子ぐまが話しだしたことを書きましょう。
子ぐまが（冬ごもりする）こと。
だから（春まで会えない）こと。
それで（おやすみを言いにきた）こと。

② 子ぐまが手わたしたものは、何でしたか。
（小さなはちみつのつぼ）

③ 「きっとだよ！」とは、何のことですか。
春になって（目がさめたら）、また（いろんなお話を聞かせてほしい）ということ。

④ はりねずみが、金貨を見ながら考えたことは、どういうことですか。（　）にことばを書きましょう。
金貨を取っておくのは（何のために？）
（ほしきのこはある）し、
（新しいくつも）ある。
（あったかいくつ下）に、
（はちみつまである）というのに。

⑤ はりねずみは、やがて、金貨をどうしましたか。
（道ばたにおいた。）

⑥ はりねずみが⑤のようにしたのは、なぜでしょう。
（だれかの役に立つかもしれないから。）

「なぜでしょう」と理由を聞かれているので、「〜から」と答えているよ

解答は、問題が白黒、答えが赤だから、答えが一目でわかる。○つけがカンタン！

ワンポイントアドバイスつき！

国語習熟プリント三年生　もくじ

詩

物語文

かたかな

名前

月　日

1 □のことばを、次の①〜④に分けて、かたかなで書きましょう。

① 外国の国や土地の名前
（　　　）（　　　）

② 外国の人の名前
（　　　）（　　　）

③ 外国からきたことば
（　　　）（　　　）

④ もの音や動物の鳴き声
（　　　）（　　　）

えじそん
ぶらじる
ぴよぴよ
ちょこれえと
がたがた
ふらんす
ふぁあぶる
へりこぷたあ

② ひらがなのことばを、かたかなに直して書きましょう。

① （とらっく）が（すぴいど）を落とした。

② （じゅうす）と（そふとくりいむ）を買う。

③ （すかあと）に（あいろん）をかける。

③ 次の文から、かたかなで書くことばを四つさがして、かたかなで書きましょう。

日曜日は、雨がざあざあふっていたので、わたしは、妹ととらんぷをしてあそびました。おやつに、ほっとけえきを作って食べました。少しこげましたが、おいしかったです。夕方、雨がやんだので、外に出て、ばどみんとんをしました。

かなづかい ①

名前

月　日

1 □の中に、「わ」か「は」を書きましょう。

① 「こんにち□。」と、あいさつをする。

② いもうとは、に□とりのせ□をしている。

③ ぼく□、しゅくだいを□すれた。

④ このどう□□、こ□かった。

⑤ □に□、か□にすんでいる。

2

□の中に、「お」か「を」を書きましょう。

① □には、そと。ふくは、うち。

② □とうとが、か□□あらう。

③ わたしは、□ちば□ひろった。

3

□の中に、「え」か「へ」を書きましょう。

① 友だちと いっしょに か□る。

② 駅(えき)□、おじさんをむか□に行く。

③ □んそくで、どうぶつ□ん□行った。

「を」は、ことばとことばをつなぐときに使(つか)います。

「へ」も、ことばとことばをつなぐときに使います。

かなづかい ②

名前

月　日

かなづかいの正しいほうに、○をつけましょう。

① （　）おおかみ／（　）おうかみ が、（　）赤ずきん／（　）赤づきん の女の子をねらっている。

② （　）はなぢ／（　）はなじ が、ぽたぽたと（　）じめん／（　）ぢめん に落（お）ちた。

③ 公園に（　）ちかづく／（　）ちかずく と、（　）おうきな／（　）おおきな 木が見えた。

④ （　）こおり／（　）こうり の上に、（　）おおくの／（　）おうくの ペンギンがいた。

よく見て書こう！

⑤
{おねえさん／おねいさん}は、{とうい／とおい}町の大学に行く。

⑥
{きのう／きのお}つくえの上を{かたずけた。／かたづけた。}

⑦
母は、{いもうと／いもおと}の{ようふく／よおふく}をぬう。

⑧
{みかづき／みかずき}を見ながら、家に{かえる。／かへる。}

⑨
空気がぬけて、風船が{ちじんだ。／ちぢんだ。}

⑩
駅前(えきまえ){どおり／どうり}の{ええがかん／えいがかん}へ行く。

音やようすを表すことば ①

名前

月　日

1 次の文で、使い方が正しいほうに○をつけましょう。

① へびが
（　）にょろにょろ
（　）ぴょんぴょん
動く。

② 赤ちゃんが
（　）ぐんぐん
（　）ぐっすり
ねむっている。

③ たいこの音が力強く
（　）ドーンドーン
（　）トントン
とひびく。

④ 夜が明けて、すずめが
（　）バタバタ
（　）チュンチュン
鳴きだした。

声に出すと
分かりやすいよ

2 □のことばの中から、使い方のあうものをえらんで（　）に書きましょう。

① ごろん・ころころ・ゴロゴロ

㋐ ビー玉が（　　　）転がる。

㋑ 岩が（　　　）と動いた。

㋒ かみなりが（　　　）鳴る。

② じっと・ぐっと

㋐ むねに（　　　）くる。

㋑ 写真をとる間、（　　　）している。

③ きらきら・ぎらぎら

㋐ 太陽が（　　　）てりつける。

㋑ 星が（　　　）かがやく。

④ はらはら・ぱらぱら

㋐ 本を（　　　）めくる。

㋑ 木の葉が（　　　）落ちる。

⑤ ぽろり・ぽつぽつ・ぽたぽた

㋐ あせが（　　　）流れ落ちる。

㋑ なみだが　ひとつぶ（　　　）とこぼれる。

㋒ 雨が（　　　）ふりだした。

音やようすを表すことば ②

名前

月　日

1 （　）にあうことばを、[　]から一つえらんで書きましょう。

① カラスが（　　　）とび立つ。

② せんべいを（　　　）食べる。

③ 海に（　　　）ととびこむ。

④ 雨が（　　　）ふる。

⑤ 柱時計（はしらどけい）が（　　　）と鳴る。

⑥ ねこが（　　　）のどを鳴らす。

⑦ ドアが（　　　）としまる。

⑧ （　　　）うがいをする。

⑨ 風が（　　　）ふく。

⑩ 水たまりに（　　　）入る。

ザーザー	ピューピュー	ガラガラ	バタン	ボーン
バシャバシャ	バリバリ	バサバサ	ザブン	ゴロゴロ

2

次（つぎ）のようすにあうことばを、［　］からえらんで一つ書きましょう。

① 手ざわりがなめらかでないようす。（　　　）

② 手ざわりがなめらかで、ねばりけがあって すべりやすいようす。（　　　）

③ 手ざわりがなめらかで、ねばりけがなく、さっぱりしたようす。（　　　）

ぬるぬる
めらめら
ざらざら
さらさら
ひらひら

3

次の文で、かたかなで書くのはどちらですか。（　）に○をつけましょう。

①
（　）たいこをどんどんたたく。
（　）マンションがどんどんふえる。

②
（　）かみなりがごろごろ鳴る。
（　）休みの日は、家でごろごろしている。

いろいろな意味に使うことば ①

名前　　　　　　月　　日

1 後の問いに答えましょう。

(1) 同じ意味で使われている文を、線でむすびましょう。

① つなを引く。　・　　・　へらす。少なくする。

② まっすぐな線を引く。　・　　・　長くのばす。

③ 十から三を引く。　・　　・　自分の方へひきよせる。

(2) 同じ意味で使われている文を、線でむすびましょう。

① ひもがとける。　・　　・　気持ちがやわらぐ。

② 算数の問題がとける。　・　　・　むすんであるものがほどける。

③ いかりがとける。　・　　・　答えが出る。

② （　）には、同じことばが入ります。答えを□に書きましょう。

① □

鉄は（　）。

病気が（　）。

せきにんが（　）。

気が（　）。

② □

気を（　）。

日記を（　）。

車に気を（　）。

パンにバターを（　）。

③ □

きつねが、わなに（　）。

宿題のことが、気に（　）。

お医者さんに（　）。

月に雲が（　）。

駅まで歩いて、三十分（　）。

④ □

役に（　）。

けむりが（　）。

うわさが（　）。

いすから（　）。

朝市が（　）。

ガンバレ、ガンバレ♪

いろいろな意味に使うことば ②

名前

月　日

❶ それぞれ□の文と同じ意味(いみ)で使(つか)われている文に、○をつけましょう。

① あの人は、野鳥のことに明るい。

（　）春の日ざしが明るい。

（　）カーテンを開(あ)けると明るい。

（　）父はこの町について明るい。

（　）妹は明るいせいかくだ。

② ねこの手もかりたいほど、いそがしい。

（　）ほしかった車を手に入れた。

（　）引っこしの手が足りない。

（　）勉強(べんきょう)が手につかない。

（　）手のこんだりょう理を作る。

2 次のことばは、どんな意味に使われていますか。□からえらんで、記号を書きましょう。

① 当たる

（　　）ボールが当たる。
（　　）そうじ当番に当たる。
（　　）予想が当たる。

ア 思ったとおりになること。
イ 物がぶつかること。
ウ 役わりがまわってくること。

② かける

（　　）もうふをかける。
（　　）かべに時計をかける。
（　　）いつも気にかける。

ア ぶらさげること。
イ 心配すること。
ウ 上からかぶせること。

3 （　）には、同じことばが入ります。答えを□に書きましょう。

① □

・紙を小さく（　　）。
・野さいの水をよく（　　）。
・電話を急に（　　）。

② □

・この服はぴったり（　　）。
・山田君と、意見が（　　）。
・答えが、全部（　　）。

反対の意味を表すことば

名前

月　日

1 反対(はんたい)の意味(いみ)のことばを、漢字(かんじ)と送(おく)りがなで書きましょう。

① ながい（　　）―（　　）みじかい

② あつい（　　）―（　　）さむい

③ うる（　　）―（　　）かう

④ かるい（　　）―（　　）おもい

⑤ **あさい**（　　）―（　　）ふかい

⑥ あかるい（　　）―（　　）くらい

⑦ いく（　　）―（　　）くる

⑧ つよい（　　）―（　　）よわい

⑨ ふとい（　　）―（　　）ほそい

⑩ あたらしい（　　）―（　　）ふるい

② 反対の意味のことばを、漢字で書きましょう。（①～⑤は送りがなも書きましょう。）

① （とおい）—（ちかい）

② （おおい）—（すくない）

③ （やすい）—（たかい）

④ （かつ）—（まける）

⑤ （あける）—しめる

⑥ 階上（かいじょう）—（かいか）

⑦ 転出（てんしゅつ）—（てんにゅう）

⑧ たて—（よこ）

⑨ てき—（みかた）

⑩ 北半球（きたはんきゅう）—（みなみはんきゅう）

同じ音になることば ①

名前

月　日

次(つぎ)の――のことばにあう漢字(かんじ)を（　）に書きましょう。

①
父は七時にかえる。（　る）
ひっくりかえる。（　る）

②
ひがもえる。（　）
ひがさす。（　）

③
友だちとはなす。（　す）
池に金魚をはなす。（　す）

④
かわが流(なが)れる。（　）
豆(まめ)のかわをむく。（　）

⑤
はさみで紙をきる。（　る）
新しい服(ふく)をきる。（　る）

⑥
はな水が出る。（　）
うめのはながさく。（　）

⑦

毎朝はをみがく。

朝顔のはがふえる。

⑧

川を船でのぼる。

山をのぼる。

⑨

まどをあける。

夜があける。

⑩

ねるのがはやい。

足がはやい。

⑪

公園で友だちにあう。

この服は、体にぴったりあう。

⑫

川かみに向かう。

かみさまにおねがいする。

かみを小さくおる。

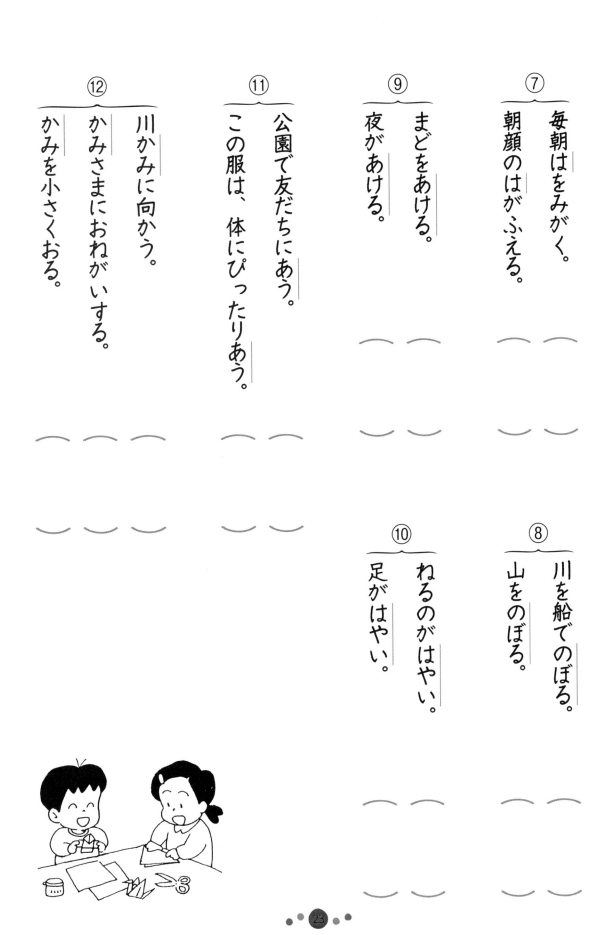

同じ音になることば ②

名前

月　日

1 次の——のことばにあう漢字を書きましょう。

① かじを消す
かじを手つだう

② じんこうがへる
じんこうえい星

③ きょうか書
きょうか合宿

④ 新聞きしゃ
きしゃの旅

⑤ 台風のはっせい
はっせい練習

⑥ 学級いいん
歯科いいん

⑦ しょうかにあたる
食べ物のしょうか

⑧ 音楽会のかいじょう
かいじょうのヨット

2

□にあう漢字を書きましょう。

① □(あん)記(き)　全(ぜん)□(あん)

② 幸(こう)□(ふく)　和(わ)□(ふく)

③ 勉(べん)□(きょう)　□(きょう)室(しつ)

④ □(かん)字(じ)　□(かん)想(そう)

⑤ 太(たい)□(よう)　□(よう)子(す)

⑥ 研(けん)□(きゅう)　□(きゅう)病(びょう)

⑦ 文(ぶん)□(しょう)　□(しょう)負(ぶ)

⑧ 一(いっ)□(しゅう)　□(しゅう)字(じ)　□(しゅう)合(ごう)　□(しゅう)間(かん)

⑨ 海(かい)□(がん)　□(がん)石(せき)　□(がん)面(めん)

ことばのなかま分け ①

名前

月　日

1 次のことばを、ア～ウの形に分けます。□からえらんで、記号を書きましょう。

ア　物の名前やことがらを表すことば
イ　動きを表すことば
ウ　ようすや気持ちを表すことば

① あやとり　□
② 悲しい　□
③ 歩く　□
④ 読む　□
⑤ 集まる　□
⑥ 乗り物　□
⑦ 星　□
⑧ 寒い　□
⑨ しずかだ　□

②

次の文から、動きを表すことばをえらんで（　）に書きましょう。

① 大きな声で校歌を歌う。（　　）

② 弟は、毎日、早くねる。（　　）

③ 池にすむやごは、とんぼのよう虫だ。（　　）

④ カーテンを開(あ)けると、まぶしい。（　　）

③

次の文から、ようすや気持ちを表すことばをえらんで（　）に書きましょう。

先生が大きい声で、おもしろい昔話(むかしばなし)をゆっくり読んだので、教室はにぎやかになった。

（　　）（　　）（　　）（　　）

ことばのなかま分け ②

名前

月　日

1 次(つぎ)のことばから、ちがうなかまのことばを一つえらんで、○でかこみましょう。

① かまきり　ふくろう　麦
遊(あそ)ぶ　トラック　コスモス

② 見る　作る　長い
泳(およ)ぐ　読む　食べる

③ 悪(わる)い　よろこび　高い
楽しい　短(みじか)い　明るい

④ 北海道(ほっかいどう)　海　りんご
かばん　えいが　少し

⑤ 船　買う　走る
植(う)える　行く　とぶ

⑥ はっきり　じっくり　たっぷり
しっかり　まぶしい　ゆっくり

2 「が」「は」「を」に気をつけて、文にあうことばを書きましょう。

① 開く／開ける

ア お父さんが、雨戸を（　　　　）。
イ 雨戸が（　　　　）。

② 上がる／上げる

ア 子どもたちが、たこを（　　　　）。
イ たこが（　　　　）。

③ 育つ／育てる

ア わたしは、ひまわりの花を（　　　　）。
イ ひまわりの花が（　　　　）。

④ 起きる／起こす

ア お母さんが、朝早くぼくを（　　　　）。
イ ぼくは、朝早く（　　　　）。

組み合わせたことば ①

名前

月　日

1 次のことばを、れいのように一つのことばにして書きましょう。

〈れい〉走る ＋ ぬく↓（走りぬく）

① 見る＋わすれる↓（　　）
② つむ＋重ねる↓（　　）
③ 歩く＋始める↓（　　）
④ 読む＋まちがう↓（　　）
⑤ 言う＋直す↓（　　）
⑥ 書く＋終わる↓（　　）

〈れい〉口 ＋ ふえ↓（口ぶえ）

⑦ 麦＋はたけ↓（　　）
⑧ かた＋くるま↓（　　）
⑨ あめ＋かさ↓（　　）

〈れい〉ちかい ＋ 道↓（ちか道）

⑩ さむい＋空↓（　　）
⑪ ほそい＋道↓（　　）
⑫ ながい＋くつ↓（　　）

② 次のことばを、れいのように二つのことばに分けましょう。

〈れい〉作り話→（作る＋話）

① やきめし→（　　＋　　）

② わらい顔→（　　＋　　）

③ 消(け)しゴム→（　　＋　　）

〈れい〉雨ふり→（雨＋ふる）

④ いねかり→（　　＋　　）

⑤ 山登(やまのぼ)り→（　　＋　　）

⑥ 雪どけ→（　　＋　　）

③ 次のことばを、れいのように二つのことばに分けましょう。

〈れい〉おる＋紙→おり紙(がみ)

① □＋□→流(なが)れ星(ぼし)

② □＋□→くだりざか

③ □＋□→まわり道

組み合わせたことば ②

名前　　　　月　　日

1 次(つぎ)の——のことばを、れいのように組み合わせたことばにして書きましょう。

〈れい〉坂道(さかみち)をかけておりる。→（かけおりる）

① めざまし時計の音で、とんで起(お)きる。→（　　　）

② 紙をおってたたむ。→（　　　）

③ 赤ちゃんが、ないてさけぶ。→（　　　）

④ 小犬が、庭(にわ)を走って回る。→（　　　）

⑤ 大切なことを聞くのをわすれる。→（　　　）

⑥ さくらなみ木を通ってぬける。→（　　　）

❷ 次の――のことばを、れいのように二つのことばに分けましょう。

〈れい〉赤ちゃんをだきかかえる。→（だく＋かかえる）

① よごれをあらい落(お)とす。→（　　＋　　）

② 作文を書きあげる。→（　　＋　　）

③ 階(かい)だんをかけのぼる。→（　　＋　　）

④ 地面(じめん)をふみしめる。→（　　＋　　）

❸ □にあうことばを書きましょう。

① 心 ＋ つよい → □

② □ ＋ □ → はだざむい

③ □ ＋ □ → 息(いき)ぐるしい

主語・述語 ①

名前

月　日

1 次(つぎ)の文は、□のどの文の形と同じですか。えらんで記号(きごう)を書きましょう。

① 犬が　ほえる。…… □

② 雪が　ふる。…… □

③ ありは　小さい。…… □

④ 姉は　やさしい。…… □

⑤ 赤ちゃんが　なく。…… □

⑥ 母は　会社員(かいしゃいん)だ。…… □

⑦ 公園に　はとが　いる。…… □

⑧ 弟は　かわいい。…… □

⑨ ぼくは　九才だ。…… □

⑩ 理科室に　ひょう本が　ある。…… □

ア 何(だれ)が(は)　どうする。

イ 何(だれ)が(は)　どんなだ。

ウ 何(だれ)が(は)　何だ。

エ 何(だれ)が(は)　ある(いる)。

②

次の文から、主語（しゅご）にあたることばを書きましょう。

① 朝から　頭が　いたい。　（　　　）

② バラの　花は　きれいだ。　（　　　）

③ テーブルの　上に　花びんが　ある。　（　　　）

④ ねこが　ニャーニャー　鳴く。　（　　　）

⑤ 海は　広い。　（　　　）

③

次の文から、述語（じゅつご）にあたることばを書きましょう。

① ぼくは　毎朝　七時に　起きる。　（　　　）

② ふじ山は　日本一　高い　山だ。　（　　　）

③ 父は　バスの　運転手（うんてんしゅ）だ。　（　　　）

④ 社会の　テストは　むずかしい。　（　　　）

⑤ 草むらに　こおろぎが　いる。　（　　　）

主語は、文の中で「だれが」「だれは」「何が」「何は」にあたることばだよ。

述語は、文の中で「どうする」「どんなだ」「何だ」「いる」にあたることばだよ。

主語・述語 ②

名前

月　日

1 次(つぎ)の文で主語(しゅご)がある文には○を、ない文には△をつけましょう。

①（　　）道でばったり先生に会った。

②（　　）庭(にわ)に、赤いばらがたくさんさいている。

③（　　）とつぜん空がくもってきた。

④（　　）きゅう食をのこさずに食べよう。

⑤（　　）父のしゅみは、日曜大工(だいく)だ。

⑥（　　）早く起(お)きないと、ちこくする。

⑦（　　）コアラは、オーストラリアにすむ動物(どうぶつ)だ。

⑧（　　）とても長いね、きりんの首は。

2 次の文の主語を上の□に、述語(じゅつご)を下の□に書きましょう。

〈れい〉ぼくの家族(かぞく)は、みんなで五人だ。　家族は　五人だ

① 兄は、サッカーチームのキャプテンだ。

② 白い馬が、草原をかける。

③ 母は、毎朝、みそしるを作る。

④ 山本さんが、かぜで学校を休んだ。

⑤ 図書館(としょかん)には、本がたくさんある。

⑥ 先生の声は、とても大きい。

	主語	述語
①		
②		
③		
④		
⑤		
⑥		

修飾語 ①

名前

月　日

1 次の――のことばが表していることを□からえらんで記号を書きましょう。

① わたしは、（　）きのう、（　）友だちと（　）公園で遊んだ。

② 弟は、（　）池で（　）大きな（　）魚をつった。

③ かわいい（　）赤ちゃんが、（　）すやすやねむっている。

④ （　）白い雲が、（　）ゆっくりと流れていく。

⑤ お母さんは、（　）夕方、（　）スーパーマーケットで（　）買い物をする。

ア　いつ
イ　どこで
ウ　だれと
エ　何を
オ　どんな
カ　どのように

2 次の□のことばをくわしくしていることば（修飾語(しゅうしょくご)）に線を引きましょう。

① たくさんの**はと**がとび立った。

② きれいな**服(ふく)**を着(き)る。

③ 川に、長い**橋(はし)**がかかっている。

④ 重(おも)い**荷物(にもつ)**を運ぶ。

⑤ 苦(にが)い**薬(くすり)**を飲(の)む。

⑥ 夕やけの**空**が美しい。

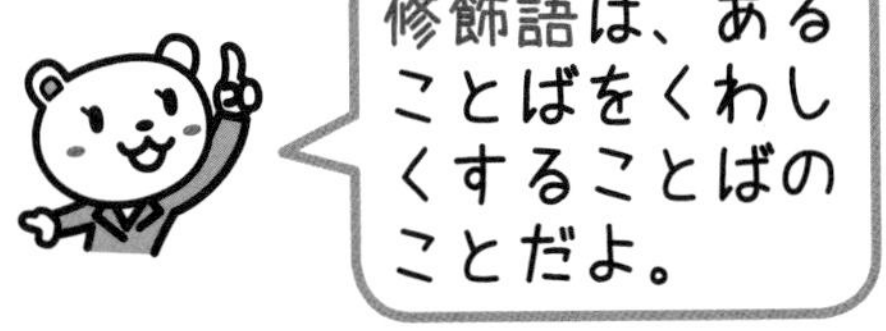

修飾語は、あることばをくわしくすることばのことだよ。

3 次の□のことばをくわしくしていることば（修飾語）を書きましょう。

① 小さなめだかが、すいすい**泳(およ)ぐ**。（　　　）

② 黒い大きな犬が、とつぜん**ほえた**。（　　　）

③ 真夏(まなつ)の太陽(たいよう)が、ぎらぎらと**てりつける**。（　　　）

④ おく歯(ば)が、しくしく**いたむ**。（　　　）

⑤ どこまでも青い空が**つづく**。（　　　）

⑥ 急(きゅう)に、雨が**ふりだした**。（　　　）

修飾語 ②

名前

月　日

1 （　）にあうことばを、［　］からえらんで書きましょう。

① ぼくは、（何に）（何を）やった。

② （どんな）ばらの花が、（どこに）（どのように）さいている。

③ （どんな（何の））ぬいぐるみが、（どこに）おいてある。

④ 正子さんは、（いつ）、（だれと）（どこへ）行った。

⑤ おじいちゃんは、（いつ）（どこで）（何を）する。

毎朝　花だんに　広場で　ハムスターに　くまの　お父さんと　きのう
いすの上に　水族館（すいぞくかん）へ　ゲートボールを　赤い　たくさん　えさを

② 次(つぎ)の□のことばをくわしくしていることばを記号(きごう)で書きましょう。

〈れい〉 ア かえるが、イ ぴょんと ［はねる］。 （イ）

① ア さくらの イ 花びらが、ウ ひらひらと ［ちる］。 （　　）

② ア きのうから、イ ずっと ウ 頭が ［いたい］。 （　　）と（　　）

③ ア 弟が、イ とつぜん ウ 大声で ［なきだした］。 （　　）と（　　）

④ ア 丸い ［月が］、イ ぽっかり ウ 出る。 （　　）

⑤ ア 葉(は)っぱの ［しずくが］、イ きらきら ウ 光る。 （　　）

⑥ ア 黄色い イ 小さな ［花が］、ウ ひとつ エ さいた。 （　　）と（　　）

⑦ ア 白い イ たんぽぽの ［わた毛が］、ウ たくさん エ とぶ。 （　　）と（　　）

文と文をつなぐことば ①

名前

月　日

1 □にあうことばを［　］からえらんで書きましょう。

① ぼくは、かぜをひいてしまった。□、学校を休んだ。
② 駅(えき)まで、バスで行きますか。□、自転車(じてんしゃ)で行きますか。
③ わたしは、バスに乗(の)りおくれた。□、駅まで歩いて行った。
④ ぼくは、本を買いに行った。□、店はしまっていた。
⑤ ぼくは、ケーキを食べた。□、アイスクリームも食べた。
⑥ 夏休みは、海に行きますか。□、山に行きますか。
⑦ 頭がいたい。□、ねつもある。
⑧ ぼくは、テストのために勉強(べんきょう)をした。□、点数はよくなかった。

［ それとも　だから　それに　しかし ］

□に入ることばは、文と文をつなぐ、つなぎことばというよ。

② 次の「つなぎことば」の使い方を［　］からえらんで、記号で書きましょう。

① 風が強くなった。それに、雨もふりはじめた。（　　）

② 寒くなってきた。それで、ストーブを出した。（　　）

③ 野球をしようか。それとも、サッカーをしようか。（　　）

④ わたしは、毎日リコーダーの練習をしている。けれども、なかなかうまくならない。（　　）

ア　前のことがらと、後のことがらの、どちらかをえらぶときに使う。

イ　前のことがらがもとになって、後のことがらになるときに使う。

ウ　前のことがらとちがうことや、反対のことがらが後にくるときに使う。

エ　前のことがらに後のことがらをつけくわえたり、ならべたりするときに使う。

文と文をつなぐことば ②

名前　　　　　　　月　　日

1 次のつなぎことばで正しい使い方をえらんで、○をつけましょう。

① コーヒーを飲みますか。（　）それとも（　）それでも、こう茶を飲みますか。

② わたしは、息苦しくなってきた。（　）すると（　）それでも、休まずに走った。

③ 日曜日は雨だった。（　）それで（　）けれども、ハイキングは中止になった。

④ 兄は毎日よく食べる。（　）そして（　）しかし、やせている。

⑤ ぼくは、図書館に行った。（　）そして（　）それに、本を三さつかりた。

② 次の□に入ることばを[ ]からえらんで、（　）に記号を書きましょう。

① 空はくもっていた。□、流れ星を見ることはできなかった。（　）

② けさは、今にも雨がふりそうだった。□わたしは、かさを持っていった。（　）

③ 雨が急にふってきた。□、すぐにやんでしまった。（　）

④ ぼくは、いっしょうけんめい走った。□、前の人を追いぬくことはできなかった。（　）

⑤ あしたは遠足なので、いつもより早くふとんに入った。□、なかなかねつけない。（　）

⑥ 朝から雨がふっていた。□、バーベキューは中止になった。（　）

ア だからのなかま
それで

イ しかしのなかま
ところが
けれども

文と文をつなぐことば ③

名前

月　日

1 次の□にあうことばを▭からえらんで、書きましょう。

① 家に帰って、宿題をすませた。□、友だちと外で遊んだ。

② 姉は、ピアノを習っている。□、ダンスも習っている。

③ あの店のメロンパンは、おいしくて有名だ。□、すぐに売り切れる。

④ ぼくは、息つぎの練習を何回もした。□、二十五メートルは泳げなかった。

⑤ 和食がすきですか。□、洋食がすきですか。

それとも　だから　そのうえ　けれども　それから

2 次の二つの文を一つの文にします。□に入ることばを［　］からえらんで、書きましょう。

① 雨がふった。 それで 、遠足は、えん期（き）になった。
← 雨がふった□、遠足は、えん期になった。

② 公園へ行った。 しかし 、だれも来ていなかった。
← 公園へ行った□、だれも来ていなかった。

③ ドアの前に立った。 すると 、ドアが自動的（じどうてき）に開（ひら）いた。
← ドアの前に立つ□、ドアが自動的に開いた。

④ 日が照（て）っている。 だけど 、雨がふってきた。
← 日が照っている□、雨がふってきた。

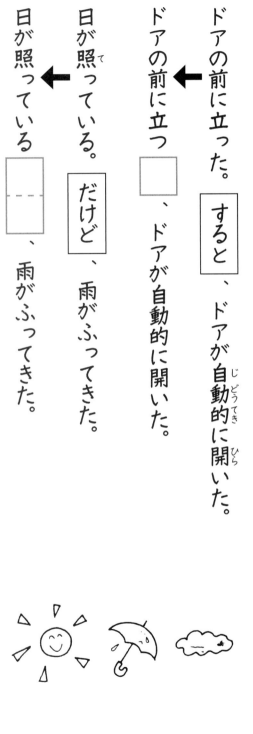

［ のに　ので　と　が ］

こそあどことば ①

名前

月　日

1 次(つぎ)のことばは、どんなときに使(つか)われますか。あうものを線でむすびましょう。

① これ　それ　あれ　どれ
　この　その　あの　どの　・

② ここ　そこ　あそこ　どこ　・

③ こちら　そちら　あちら　どちら
　（こっち）（そっち）（あっち）（どっち）　・

④ こんな　そんな　あんな　どんな
　こう　そう　ああ　どう　・

・ア　場所(ばしょ)をさししめすときに使う。

・イ　方向(ほうこう)をさししめすときに使う。

・ウ　物(もの)をさししめすときに使う。

・エ　様子(ようす)をさししめすときに使う。

② （　　）にあうことばを［　　］からえらんで、書きましょう。

① むこうに白いたて物が見えるだろう。（　　）が病院だ。

② 二月三日は、せつ分だ。（　　）日には、豆まきをする。

③ わたしのつくえの横に消しゴムが落ちている。（　　）は、だれのものだろう。

④ おかずがいろいろある。（　　）から先に食べようか。

⑤ この問題は、（　　）ようにしてとくのだろう。

⑥ わたしは、近くの公園に行った。（　　）には、きれいな花がさいていた。

⑦ テレビでせんでんしていた（　　）えい画が見たい。

これ	あれ	どれ	あの	その	どの	そこ

こそあどことば ②

名前　　　　　　　　月　　日

❶ 次のことばは、どのように使いますか。あうものを線でむすびましょう。

① これ・ここ　・　　・話し手・聞き手（相手）のどちらからも遠い場合

② それ・そこ　・　　・話し手に近い場合

③ あれ・あそこ　・　　・さししめすものがはっきり決まらない場合

④ どれ・どこ　・　　・聞き手（相手）に近い場合

❷ 次の――のことばがさすことばを（　）に書きましょう。

① 鳥が鳴いている。あれは、うぐいすだ。

（　　　　）

② 家族(かぞく)でキャンプ場に行った。そこは、湖(みずうみ)のそばだった。

（　　　　）

③ れんげの花で、かんむりを作った。これを妹にあげよう。

（　　　　）

④ むこうにおかが見えるね。あそこまで、走ろう。

（　　　　）

⑤ あなたのそばに、ほうきがあるでしょう。それをわたしに、わたしてください。

（　　　　）

⑥ 父は、仕事(しごと)で中国に行った。父は、そこから、絵はがきを送(おく)ってくれた。

（　　　　）

ふつうの言い方・ていねいな言い方 ①

名前

月　日

1 ていねいな言い方の文には○を、ふつうの言い方の文には△をつけましょう。

① （　）いっしょに、やってみよう。

② （　）はじめて、さか上がりができました。

③ （　）ろうかを走ってはいけない。

④ （　）夕方、かみなりが鳴り出した。

⑤ （　）くじらは、ほにゅうるいの動物（どうぶつ）だ。

⑥ （　）ぼくは、カレーライスがすきです。

2 次（つぎ）の——のところを、ていねいな言い方に直しましょう。

① ぼくは、きのう公園に行った。

（　　　　）

② 姉は、五年生だ。

（　　　　）

③ わたしは、まだ泳（およ）げない。

（　　　　）

④ この本は、おもしろいと思う。

（　　　　）

3 次の——のところを、ふつうの言い方に書き直しましょう。

① 雨あがりの空に、にじが出ています。

（　　　　）

② けさ、パンとサラダを食べました。

（　　　　）

③ わたしは、とび箱（ばこ）がとべたので、うれしくてたまりませんでした。

（　　　　）

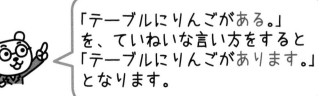

「テーブルにりんごがある。」
を、ていねいな言い方をすると
「テーブルにりんごがあります。」
となります。

ふつうの言い方・ていねいな言い方 ②

名前

月　日

1 次のーーのところを、ふつうの言い方に書き直しましょう。

二年生のげきが終わると、いよいよ三年生のダンスが①始まります。待っていると、心ぞうが②どきどきしてきます。

ぼくは、ときどきまちがうところがあるので、③じしんがありません。でも、いっしょうけんめいおどろうと④決心しました。音楽が⑤鳴りだしました。

① （　　　）

② （　　　）

③ （　　　）

④ （　　　）

⑤ （　　　）

2 次のーーのところを、ていねいな言い方に書き直しましょう。

① 本の題名が思い出せない。

（　　　）

② ふた葉の間に、本葉が見える。（　　）

③ プールの中に、とびこんだ。（　　）

④ とても楽しい一日だった。（　　）

③ 次のような場合の、ふさわしい言い方を［　］からえらんで、記号を書きましょう。

① 相手が年上のとき（　　）

② 相手が同じ年れいや年下のとき（　　）

③ 相手が親しいとき（　　）

④ 相手があまり親しくないとき（　　）

ア　ふつうの言い方　　イ　ていねいな言い方

ようすをおしはかる言い方

名前

月　日

1 次の文が表す言い方を［　］からえらんで、記号を書きましょう。

①（　）このみかんは、おいしそうだ。

②（　）このみかんは、おいしい。

③（　）あしたは、算数のテストがあるようだ。

④（　）もう少し歩くと、テレビ局がある。

⑤（　）あの人が、川上君のお兄さんらしい。

⑥（　）父は、もうすぐ帰って来るだろう。

⑦（　）寒くて、かぜをひきそうだ。

⑧（　）雪がふりつづいて、こまっている。

ア　はっきりわかっていることを表す言い方

イ　ようすをおしはかる言い方

ようすをおしはかる言い方は、心の中でこうかな？と考える言い方だよ。

2 次の文を、〈 〉のことばを使って、ようすをおしはかる言い方に直しましょう。

① 春には、花がさく。〈——だろう〉

（　　　　　　　　　　　　）

② むこうの林に、かぶと虫がいる。〈——そうだ〉

（　　　　　　　　　　　　）

③ このおもちゃは、こわれている。〈——ようだ〉

（　　　　　　　　　　　　）

④ 午後から、雨になる。〈——らしい〉

（　　　　　　　　　　　　）

⑤ こんどこそ、うまくいく。〈——そうだ〉

（　　　　　　　　　　　　）

聞いたことをつたえる言い方

名前

月　日

1 次の文が表す言い方を［　］からえらんで、記号を書きましょう。

①（　）田中君は、サッカーチームに入りそうだ。

②（　）田中君は、サッカーチームに入るそうだ。

③（　）あのえい画は、とてもおもしろいそうだ。

④（　）あのえい画は、とてもおもしろそうだ。

⑤（　）すず木さんの家に、赤ちゃんが生まれたそうだ。

⑥（　）今日は、気温が三十度をこえるそうだ。

⑦（　）雨がふりそうだ。

⑧（　）父は、子どものころ、わんぱくだったそうだ。

ア　ようすをおしはかる言い方

イ　聞いたことをつたえる言い方

2 次の文の終わりを「——そうだ」にして、聞いたことをつたえる言い方に直しましょう。

① 十年前、このあたりは田畑だった。

（　　　　　　　　　　　　　　　　　　）

② むこうの林に、かぶと虫がいる。

（　　　　　　　　　　　　　　　　　　）

③ ぼくは、一才のとき、入院した。

（　　　　　　　　　　　　　　　　　　）

④ あのお店のりょう理は、おいしい。

（　　　　　　　　　　　　　　　　　　）

⑤ もうすぐ、あそこにマンションができる。

（　　　　　　　　　　　　　　　　　　）

たとえていう言い方

名前

月　日

1 次(つぎ)の文で、たとえる言い方をしているほうに○をつけましょう。

① （　）外国でくらしてみたいな。
　 （　）ここは、外国の町みたいだ。

② （　）赤ちゃんのほおは、りんごのようだ。
　 （　）昼からは、雨になるようだ。

③ （　）この犬は、ぬいぐるみみたいだ。
　 （　）中川君(なかがわくん)は、るすみたいだ。

④ （　）きみの手は、氷(こおり)のようにつめたい。
　 （　）わすれ物(もの)をしないようにしよう。

② 次の（　）にあうことばを、[　]からえらんで書きましょう。

① マラソンをしたあと、（　）あせが流(なが)れ落(お)ちた。

② つくえの上には、（　）本がつまれている。

③ きょうは、（　）あたたかい一日だった。

④ 指先(ゆびさき)に（　）いたみがはしった。

⑤ （　）美(うつく)しいけしきが広がる。

⑥ 葉(は)の上にのった水のしずくが（　）光る。

⑦ ひがん花がたくさんさいて、赤い（　）見える。

山のように	絵のように	春のように	玉のように
はりをさしたような	じゅうたんのように	たきのように	

いろいろな言い方

名前

月　日

1 次の――のことばを、れいのように「終わったことを表す言い方」に書き直しましょう。

〈れい〉天気が急にかわる。（かわった）

① 友だちと学校のプールで泳ぐ。（　　　　）

② 学校のまわりのけしきを絵にかく。（　　　　）

③ ぼくは、二階に荷物を運ぶ。（　　　　）

④ わたしは、駅のかいさつ口で父を待つ。（　　　　）

⑤ 学級会で、運動会について話し合う。（　　　　）

② 次の文が表す言い方を［　］からえらんで、記号(きごう)を書きましょう。

ア　わかっていることを表す文
イ　終わったことを表す文
ウ　さそいかける文
エ　たずねる文
オ　命(めい)れいする文
カ　打(う)ち消(け)しの文

① みんなで歌いましょう。［　］
② これは、ホウセンカのたねです。［　］
③ まだ花がさかない。［　］
④ いっしょに行こう。［　］
⑤ この花は、なんという花ですか。［　］
⑥ 宿題(しゅくだい)をしなさい。［　］
⑦ 何日も雨がふりつづいた。［　］
⑧ ぼくは、もう走れません。［　］
⑨ 早く起(お)きろ。［　］
⑩ わたしは、スキーに行きました。［　］
⑪ 駅まで歩いて十分だ。［　］
⑫ この池にザリガニはいますか。［　］

ならべていう言い方

名前　　　　　　　　月　　日

1 次(つぎ)の文で正しい言い方になるほうを○でかこみましょう。

① わたしも妹 ｛ も ／ と ｝ アイスクリームがすきだ。

② 花だんには、赤 ｛ も ／ や ｝ 黄色のチューリップがさいている。

③ にんじん ｛ も ／ と ｝ じゃがいもを切った。

④ 教室のゆかを、はいたり ｛ ふいた。／ ふいたりした。｝

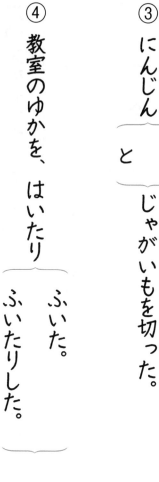

2

（　）にあうことばを、［　］からえらんで書きましょう。

① わたしは、音楽も体育（たいいく）（　　）すきだ。

② このドアは、おしても引い（　　）開（あ）かない。

③ ろうか（　　）階（かい）だんを走らないようにしよう。

④ 海で、魚をつっ（　　）泳（およ）いだりした。

⑤ 行くのか行かない（　　）はっきり決（き）めなさい。

や	も	のか	たり	ても

3

次の——のところをかえて、正しい文になるよう書き直しましょう。

① 雨の日は、本を読んだり、絵をかく。

（　　）

② 日曜日は、おつかいや手つだったりした。

（　　）

慣用句

名前

月　日

1 次(つぎ)のことばの意味(いみ)にあうものを[　]からえらんで、記号(きごう)を書きましょう。

① はらが立つ（　）
② きもをつぶす（　）
③ 目を丸くする（　）
④ 鼻(はな)が高い（　）
⑤ むねをうつ（　）
⑥ 耳がいたい（　）
⑦ かたを落(お)とす（　）
⑧ 手をかす（　）

ア 手つだう。
イ 強く心にひびく。感動(かんどう)する。
ウ 自分の弱点を言われて、聞くのがつらい。
エ おどろいたようす。
オ とくいになるようす。
カ がまんできなくておこる。
キ がっかりして元気がないようす。
ク ひじょうにびっくりする。

2 （　）にあう慣用句を、□からえらんで書きましょう。

① その話は、（　　　　　　）ほど聞いたよ。

② 遠足で（　　　　　　）ほど歩いた。

③ はずかしくて（　　　　　　）ような思いをした。

④ ぼくと古田君の家は、（　　　　　　）だ。

⑤ この問題はむずかしすぎて（　　　　　　）。

⑥ 毎日練習すると、習字の（　　　　　　）。

顔から火が出る
耳にたこができる
目と鼻の先
手も足も出ない
うでが上がる
足がぼうになる

丸・点・かぎの使い方

名前

月　日

1 次の文を、会話には「　。」を、文の終わりには丸（。）をつけて書きましょう。

ぼくが、元気よく、おはようと言うと、母が返事をしたいい天気でよかったね

2 次の文に、（　）の中の数だけ点（、）を打って、文を読みやすくしましょう。

① にわにはにわにわとりがいる。（2）

② がかがこのえをかいた。（1）

③ すもももももももものなかま。（2）

④ ほらそこにも花がある。（1）

⑤ あっちこっちさがしてやっとその家を見つけた。（1）

⑥ 友だちの家に行って何度も名前をよんだが返事がなかった。（2）

③ 次の文に、点（、）を一つ打って、アイの意味を表せるように書きましょう。

① とてもかわいいねこの子。

ア かわいいのは、この子。

（　　　　）

イ かわいいのは、ねこの子。

（　　　　）

② わたしは自転車で先に行った姉さんを追いかけた。

ア 自転車で行ったのは、姉さん。

（　　　　）

イ 自転車で追いかけたのは、わたし。

（　　　　）

送りがな ①

名前

月　日

1 次(つぎ)の漢字(かんじ)に送(おく)りがなをつけましょう。

① あたる → 当

② しるす → 記

③ うつくしい → 美

④ ととのえる → 整

⑤ おちる → 落

⑥ まじわる → 交

⑦ かんがえる → 考

⑧ みじかい → 短

⑨ きめる → 決

⑩ みのる → 実

⑪ こたえる → 答

⑫ もちいる → 用

❷ 送りがなの正しいほうに、○をつけましょう。

① （　）食る　（　）食べる

② （　）入る　（　）入いる

③ （　）幸せ　（　）幸わせ

④ （　）回る　（　）回わる

⑤ （　）化る　（　）化ける

⑥ （　）写す　（　）写つす

⑦ （　）表す　（　）表らわす

⑧ （　）始る　（　）始まる

⑨ （　）負る　（　）負ける

❸ 次の文で、送りがなのまちがっているところを見つけて、正しく書き直しましょう。

① 道具の正しい使い方を教しえる。　↓（　　）

② ボールを追いかけて転ろぶ。　↓（　　）

③ 水の流れる音が聞える。　↓（　　）

④ 朝早く起る。　↓（　　）

送りがな ②

名前

月　日

1 ——の部分(ぶぶん)を、漢字(かんじ)と送(おく)りがなで書きましょう。（同じ漢字を使(つか)います。）

①
- 月がでる。
- 手紙をだす。

②
- すこし休もう。
- 人がすくない。

③
- 服(ふく)をきる。
- 駅(えき)につく。

④
- 電車がとおる。
- 学校にかよう。

⑤
- 店をひらく。
- まどをあける。

⑥
- 肉をくう。
- 野さいをたべる。

⑦
- 体温(たいおん)がさがる。
- 坂道(さかみち)をくだる。
- 手をおろす。

⑧
- 空があかるい。
- 夜があける。
- あかりがともる。

② 次(つぎ)の漢字の送りがなを書きましょう。

①
くるしい…苦（　）
にがい……苦（　）

②
のぼる……上（　）
あがる……上（　）

③
ほそい……細（　）
こまかい…細（　）

④
おもい……重（　）
かさねる…重（　）

⑤
きえる……消（　）
けす………消（　）

⑥
さいわい…幸（　）
しあわせ…幸（　）

⑦
まける……負（　）
おう………負（　）

⑧
いきる……生（　）
うまれる…生（　）
はえる……生（　）

送りがな ③

名前

月　日

1 「遊（あそ）ぶ」ということばを、それぞれの文に合う形にかえて書きましょう。（形のかわらないものもあります。）

① ちゅう車場では、（　　　）ないでください。

② 日曜日は、公園の遊具（ゆうぐ）で（　　　）たい。

③ 暑（あつ）い日に、外で（　　　）ときは、ぼうしをかぶろう。

④ みんなで（　　　）ば、きっと楽しいよ。

⑤ キックベースをして（　　　）う。

⑥ 友だちの弟や妹といっしょに（　　　）だことがある。

⑦ 晴れた日は、外に出て（　　　）。［めいれいの言い方］

うごきをあらわすことばは、
いろいろな形にかわるよ。

「話す」なら、

「話さない」「話します」「話せば」「話そう」

というようにかわるよ。

❷「読む」ということばを、それぞれの文に合う形にかえて書きましょう。（形のかわらないものもあります。）

① 弟は、まん画は見るが、本は（　　　）ない。

② わたしは、夏休みに、本をたくさん（　　　）ます。

③ 図書館（としょかん）で本を（　　　）ときは、しずかにしよう。

④ さい後のページを（　　　）ば、なぞはすべてとける。

⑤ 休み時間に、物語（ものがたり）のつづきを（　　　）う。

⑥ この本は、もう（　　　）だ。

⑦ ゲームばかりしないで、たまには本を（　　　）。［めいれいの言い方］

送りがな ④

名前

月　日

1 □にあう送り（おく）がなを書きましょう。

① 書く

書[か]ない
書[き]ます
書[　]とき
書[　]ば
書[　]う
書[い]た
書け

② 飲（の）む

飲[　]ない
飲[み]ます
飲[　]とき
飲[　]ば
飲[　]う
飲[　]だ
飲め

③ 泳（およ）ぐ

泳[　]ない
泳[ぎ]ます
泳[　]とき
泳[　]ば
泳[　]う
泳[　]だ
泳げ

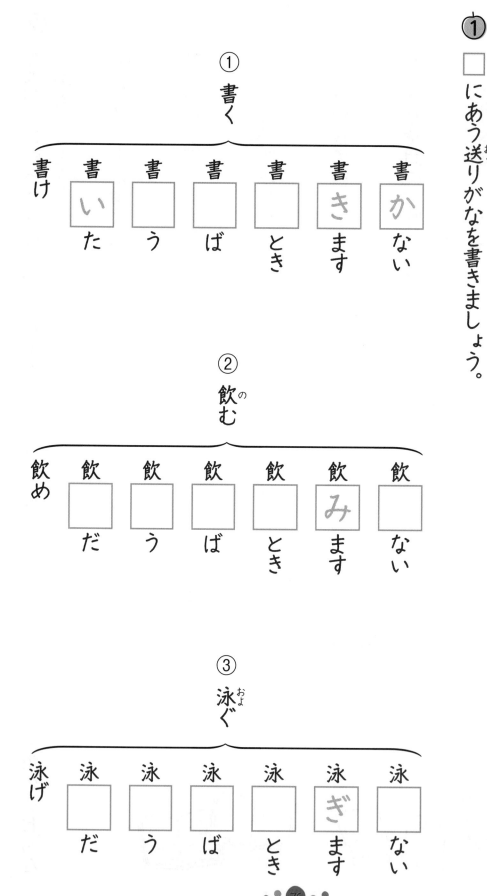

② 次の文にあうように、送りがなをかえて書きましょう。

① 休む　少し（　　　）ば、つかれがとれるよ。

② 引く　力いっぱいつなを（　　　）う。

③ 走る　毎朝、父とわたしは、池のまわりを（　　　）ます。

④ 立つ　すもうでは、すず木君に歯が（　　　）ない。

⑤ 運ぶ　オルガンは重いから、二人で（　　　）う。

⑥ 持つ　荷物は、ぼくが（　　　）ます。

⑦ 帰る　暗くなってきたから、弟と（　　　）ないとね。

⑧ 聞く　木村君から、楽しい話を（　　　）た。

文をよく読んでね

形のかわることば

名前

月　　日

1 次(つぎ)のことばを、それぞれの文にあう形にかえて書きましょう。

〈れい〉青い…海は、（青く）て大きかった。

① 暑(あつ)い……去年(きょねん)の夏は、とても（　　）た。

② 有名(ゆうめい)だ……（　　）お寺に行って、写真(しゃしん)をとった。

③ ていねいだ…絵(え)の具(ぐ)を（　　）ぬっていこう。

④ おいしい……このケーキは、（　　）て、ほっぺたが落(お)ちそうだ。

⑤ ほがらかだ…お母さんは、（　　）楽しい。

⑥ しずかだ……会場は、水を打(う)ったように（　　）た。

2 「寒(さむ)い」ということばを、それぞれの文にあう形に［　］からえらんで、書きましょう。

① この大雪では、外はさぞ（　　）う。

② きのうも、一日中（　　）た。

③ （　　）て、こごえそうだ。

④ そんなに（　　）ば、ストーブのそばにおいでよ。

寒いだろ
寒く
寒いなら
寒かっ

3 「きれいだ」ということばを、それぞれの文にあう形に［　］からえらんで、書きましょう。

① 山の上の空気は、きっと（　　）う。

② この公園は、（　　）落(お)ち着(つ)く。

③ ごちそうを（　　）平(たい)らげる。

④ （　　）花びらを見つけた。

⑤ もう少し字が（　　）ば、読みやすいのに。

きれいなら
きれいだろ
きれいな
きれいに
きれいで

漢字の組み立て ①

名前

月　日

1 次の部分をもつ漢字は、どんなことと関係がありますか。[　]からえらんで（　）に記号を書きましょう。

① 亻　体・使・係（　　）

② 土　地・坂・場（　　）

③ 𥫗　算・答・箱（　　）

④ 言　話・読・談（　　）

⑤ 心　意・思・感（　　）

ア「竹」に関係がある漢字

イ「心」に関係がある漢字

ウ「土」に関係がある漢字

エ「人」に関係がある漢字

オ「ことば」に関係がある漢字

② 次の部分をもつ漢字を□に書きましょう。また、部首（ぶしゅ）の名前を[　]からえらんで（　）に書きましょう。

① 木 … □物（しょくぶつ）の□（ね）　黒□（こくばん）の□（よこ）　（　　）

② 氵 … □（ふか）い　□（みずうみ）　□町（みなとまち）　□（なが）れ　（　　）

③ 艹 … □（お）ち□（ば）　□□（やくそう）　お□（ちゃ）　（　　）

④ 辶 … □動（うんどう）　□歩□（ゆうほどう）　□（とお）る　（　　）

⑤ 口 … 庭□（ていえん）　□語（こくご）　□転（かいてん）　（　　）

しんにょう	さんずい	くにがまえ	きへん	くさかんむり

漢字の組み立て ②

名前　　　月　　日

1 次の部分をもつ漢字は、どんなことと関係がありますか。あうものを線でむすびましょう。

① 草・花・苦（くさかんむり）・　　　　・「手」に関係がある漢字

② 持・投・打（てへん）・　　　　・「水」に関係がある漢字

③ 林・橋・柱（きへん）・　　　　・「道を行く」に関係がある漢字

④ 近・遠・進（しんにょう）・　　　　・「くさ」に関係がある漢字

⑤ 海・池・波（さんずい）・　　　　・「木」に関係がある漢字

② 上の漢字を、同じ部首(ぶしゅ)をもつグループに分け、□に書きましょう。また、部首の名前を［　］からえらんで（　）に書きましょう。

終	家	科	待	教
客	秋	線	放	秒
後	数	役	紙	宮

① 禾
② 攵
③ 宀
④ 彳
⑤ 糸

ぎょうにんべん　ぼくづくり　いとへん　のぎへん　うかんむり

漢字の読み方 ①

名前

月　日

1 次（つぎ）の漢字（かんじ）の読みがなを書きましょう。

① 親友（　　）　親しい（　　しい）

② 温度（　　）　温かい（　　かい）

③ 教育（　　）　育つ（　　つ）

④ 晴天（　　）　晴れる（　　れる）

⑤ 交通（　　）　交わる（　　わる）

⑥ 転校（　　）　転がる（　　がる）

⑦ 助手（　　）　助ける（　　ける）

⑧ 作者（　　）　人気者（　　）

⑨ 旅行（　　）　旅人（　　）

⑩ 薬品（　　）　目薬（　　）

② 次の漢字の――の部分（ぶぶん）の読みがなを書きましょう。

① ア 人生（　　）　イ 人間（　　）　ウ 人波（　　）

② ア 小学校（　　）　イ 小声（　　）　ウ 小川（　　）　エ 小さい犬（　　）

③ ア 動物（　　）　イ 荷物（　　）　ウ 品物（　　）

④ ア 金魚（　　）　イ 魚市場（　　）　ウ 魚つり（　　）

⑤ ア 大木（　　）　イ 木馬（　　）　ウ 庭木（　　）　エ 木かげ（　　）

⑥ ア 表面（　　）　イ 紙の表（　　）　ウ 書き表す（　　）

漢字の読み方 ②

名前

月　日

1 次（つぎ）の漢字（かんじ）の読みがなを書きましょう。

① 速球（　　）　速い（　　い）

② 返事（　　）　返す（　　す）

③ 問題（　　）　問う（　　う）

④ 消火（　　）　消す（　　す）

⑤ 終点（　　）　終わる（　　わる）

⑥ 安全（　　）　安い（　　い）

⑦ 植物（　　）　植える（　　える）

⑧ 放送（　　）　放す（　　す）

⑨ 緑茶（　　）　緑色（　　）

⑩ 整理（　　）　整える（　　える）

② 次の漢字の——の部分(ぶぶん)の読みがなを書きましょう。

① 音楽室から楽しい音が聞こえる。（　）（　）

② 美人が美しい着物を着る。（　）（　）（　）（　）

③ 多数決で決める。（　）（　）

④ 相談相手。（　）（　）

⑤ きかいの調子を調べる。（　）（　）

⑥ 遊園地で遊ぶ。（　）（　）

⑦ 水泳の時間に、平泳ぎをした。（　）（　）

⑧ 高校生の兄は、せが高い。（　）（　）

⑨ 炭(たん)さん飲料水を飲む。（　）（　）

⑩ 運動場にとび箱(ばこ)を運ぶ。（　）（　）

形がにている漢字

□にあう漢字(かんじ)を書きましょう。

名前

月　日

①
□(ち)下水(かすい)
貯水(ちょすい)□(ち)

②
夜(よ)□(ぎ)車(しゃ)
元□(き)

③
□(りょ)行(こう)
家□(ぞく)

④
大(おお)□(ざら)
鼻(はな)□(ぢ)

⑤
□(こおり)水(みず)
□(およ)ぐ

⑥
□(く)役所(やくしょ)
□(い)者(しゃ)

⑦
□(しん)聞(ぶん)
□(しん)友

⑧
□(さか)道(みち)
□(へん)事(じ)

⑨
□(そう)談(だん)
□(そう)定(てい)

⑩
□(おとうと)
□(だい)一(いち)

⑪
□(かる)い
□(ころ)ぶ

⑫
□(くば)る
お□(さけ)

⑬

□てつ 道（どう）
□ぎん 行（こう）

⑭

□とう 手（しゅ）
□やく 員（いん）

⑮

山 □のぼ り
□はつ 明（めい）

⑯

来（らい） □しゅう
□ちょう 理（り）

⑰

□ば 面（めん）
茶 の □ゆ
太 □よう

⑱

物（もの） □がたり
童（どう） □わ
□どく 書（しょ）

⑲

□せん 路（ろ）
黄（き） □みどり
□れん 習（しゅう）

⑳

□でん 話（わ）
□ゆき 国（ぐに）
雨（あま） □ぐも

㉑

□も つ
□ま つ
□し 集（しゅう）

㉒

時（じ） □かん
□もん 題（だい）
□かい 会式（かいしき）

㉓

□しま
□とり
□な る

㉔

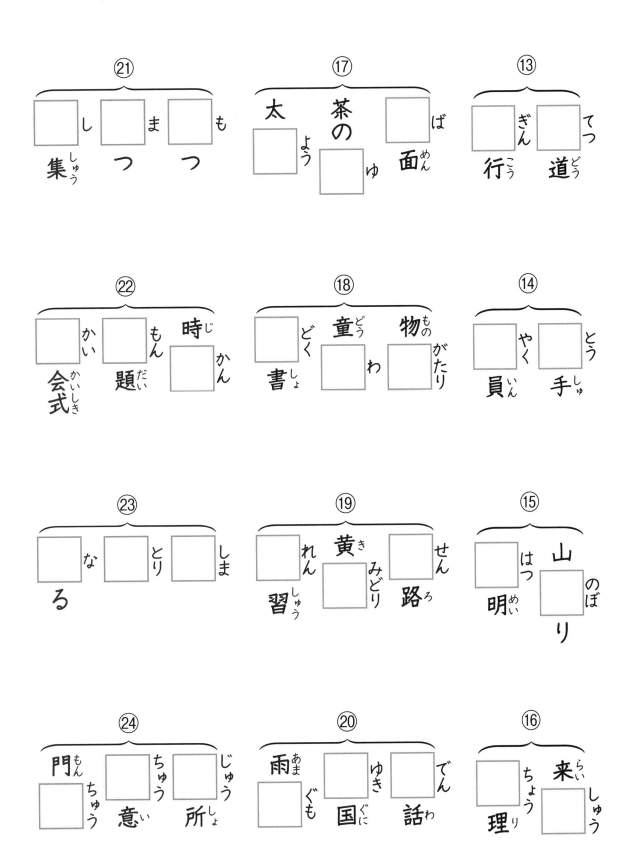

□じゅう 所（しょ）
□ちゅう 意（い）
門（もん） □ちゅう

国語辞典の使い方 ①

名前

月　日

1 五十音表（ひょう）を書きましょう。

あ
い
う
え
お

3 国語辞典に出ている順に、番号をつけましょう。

①
（　）やね
（　）やく
（　）やま
（　）やど
（　）やぶ

②
（　）かかし
（　）からす
（　）ガラス
（　）かえで
（　）かがみ

③
（　）ごはん
（　）こはん
（　）ごばん
（　）こばん

④
（　）ポーズ
（　）ポール
（　）ホール
（　）ボール
（　）ホース

を
ん

② 国語辞典（こくごじてん）に出ている順（じゅん）に、番号（ばんごう）をつけましょう。（1から8まで）

（　）たか
（　）かもめ
（　）まなづる
（　）わし

（　）あひる
（　）はと
（　）さぎ
（　）らいちょう

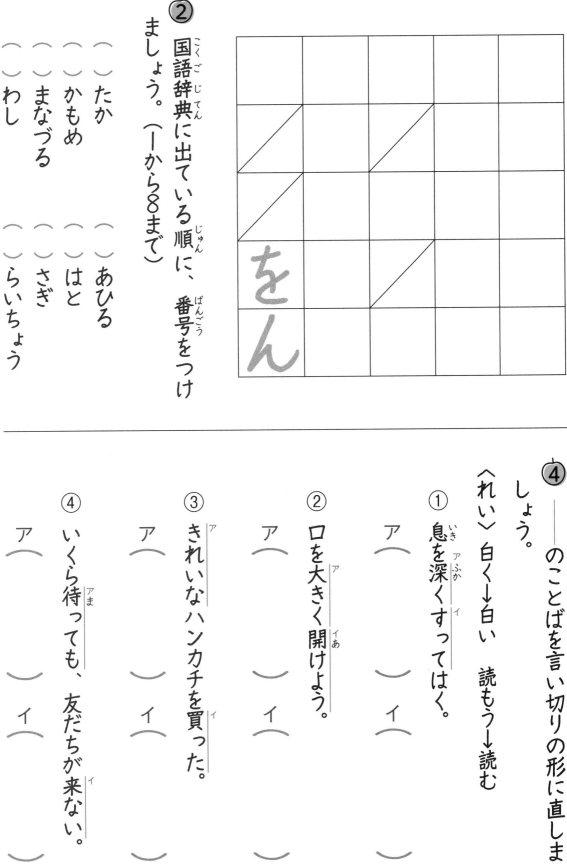

④ ――のことばを言い切りの形に直しましょう。

〈れい〉白く→白い　読もう→読む

① 息（いき）を深く（ア ふか）すって（イ）はく。

ア（　　）　イ（　　）

② 口を大きく（ア）開けよう（イ あ）。

ア（　　）　イ（　　）

③ きれいな（ア）ハンカチを買った（イ）。

ア（　　）　イ（　　）

④ いくら待っても（ア ま）、友だちが来ない（イ）。

ア（　　）　イ（　　）

国語辞典の使い方②

名前

月　日

1 ――のことばを、言い切りの形に直しましょう。

① 風で**落(お)ちた**葉(は)を集(あつ)める。
（　　　　）

② ゆっくり**書けば**、美(うつく)しい字になる。
（　　　　）

③ ビールを飲(の)むと、お父さんの顔が**赤く**なる。
（　　　　）

④ きょうの練習(れんしゅう)は、とても**きつかった**。
（　　　　）

⑤ 公園でいっしょに**遊(あそ)ぼう**。
（　　　　）

⑥ いくら待(ま)っても、友だちが**来ない**。
（　　　　）

2 国語辞典に先に出ていることばをえらんで、○をつけましょう。

① （　）ぱらぱら （　）ばらばら

② （　）はっか （　）はつか

③ （　）あい （　）あお

④ （　）ぼうし （　）ほうじ

⑤ （　）びよう （　）びょう

⑥ （　）ぼたん （　）ボタン

3 次の文の「あたる」の意味にあうものを［　］からえらんで、記号を書きましょう。

① 矢がまとにあたる。［　］

② 天気予報があたる。［　］

③ 辞書にあたる。［　］

④ 日があたる。［　］

⑤ 頭に石があたる。［　］

⑥ 駅は北の方にあたる。［　］

⑦ 妹につらくあたる。［　］

⑧ くじがあたる。［　］

ア いじわるなたいどをとる　イ 予想通りになる　ウ ぶつかる　エ よいくじをひく
オ 命中する　カ その方角にある　キ 光がさす　ク たしかめる

物語の読み取り ①

名前

月　　日

1 次の文章を読んで、後の問いに答えましょう。

おじいさんは、はたらきもので、気だてもよく、だれにでもすかれていました。ところが、たった一つ、たいへんこまったくせがありました。それは……おならです。おじいさんは、さあ、これからごはんを食べようというときになると、きまって、大きなおならをおとすくせがあったのです。

（「梅の木村のおならじいさん」松岡 享子『くしゃみくしゃみ天のめぐみ』福音館書店）

① どんなおじいさんですか。

（　　　　　　　　）

② こまったくせとは、何ですか。

□□□

③ ②は、いつ出るのですか。

さあ、これから、（　　　　　　　　）というとき。

④ きまってと、同じ意味のことばに○をつけましょう。

（　）とつぜん

（　）かならず

② 次の文章を読んで、後の問いに答えましょう。

つぎの日は日曜でした。三時ごろ、おかあさんはふろに水を入れておこうと思って、ふろ場のドアをあけました。

するとどうでしょう。ふろのあらい場のかべぎわに、茶色のヘビがくるりとわになっていました。

おかあさんはピシャリとドアをしめ、まっ青になって、そこにすわりこんで、口をぱくぱくさせました。さけびたいのに声も出ません。

（「へびをつかむと…」古田　足日『だんち5階がぼくのうち』童心社）

① どこに、何がいましたか。

ふろの（　　　　）に、（　　　　）がくるりとわになっていた。

② おかあさんは、どうなりましたか。

（　　　　）、そこに（　　　　）。

③ 口をぱくぱくさせたのは、なぜですか。

（　　　　）出ないから。

物語の読み取り ②

名前

月　日

1 次(つぎ)の文章(ぶんしょう)を読んで、後の問(と)いに答えましょう。

> 校門のところで井上(いのうえ)さんは、ひとりの女の子と、ぶつかりそうになりました。
> 女の子は一年生くらいで、黄色のワンピースをきていました。やわらかい髪(かみ)の毛の、目がくりくりくりっとした子です。
>
> （「手の中のもの、なあんだ？」岡田　淳『放課後の時間割』偕成社）

① 井上さんは、どこで、だれとぶつかりそうになりましたか。

どこで（　　　　　）
だれと（　　　　　）

② その子は、何をきていましたか。

（　　　　　）

③ どんな子ですか。

（　　　　　）髪の毛の、
目が（　　　　　）子。

② 次の文章を読んで、後の問いに答えましょう。

「これ、あげる。」
女の子は、井上さんのポケットの中に、そのキャラメルをぽとんとおとすと、門のほうへかけていってしまいました。

（「手の中のもの、なあんだ？」岡田　淳『放課後の時間割』偕成社）

・女の子は、どこに、何をおとしましたか。

どこに（　　　　）

何を（　　　　）

③ 次の文章を読んで、後の問いに答えましょう。

その夜、つめたいお弁当（べんとう）をすませたあと、ポケットのキャラメルをたべてみました。キャラメルなんてひさしぶりです。外では、冬のわすれもののようなつめたい風がふいていましたが、口の中であまくとけるキャラメルは、胸（むね）の中まで、ほっこりあたたまる味（あじ）がしました。

（「手の中のもの、なあんだ？」岡田　淳『放課後の時間割』偕成社）

① 外では、どんな風がふいていましたか。

（　　　　）のようなつめたい風。

② どんなキャラメルですか。

口の中で（　　　　）キャラメル。

③ キャラメルは、どんな味がしましたか。

胸の中まで、（　　　　味）がした。

物語の読み取り ③

名前

月　日

次の文章を読んで、後の問いに答えましょう。

それは、いつのころか、てんで、けんとうもつかないほどのおおむかし。

イ族のある村に、としよりのふうふがすんでいました。ふたりはいつも、

「子どもがほしい、子どもがほしい。」

とおもっていましたが、すっかりこしがまがってしまっても、[ア]、子どもは、うまれません。

ある日のこと、おばあさんは、あんま

① どこに、だれが住んでいましたか。

どこに（　　　　）

だれが（　　　　）

② ふたりはいつも何と思っていましたか。

（　　　　）

③ [ア]と[イ]にあうことばを［　］からえらんで、書きましょう。

[ア]（　　　　）

[イ]（　　　　）

やっと　もう　まだ
けれども　すると　しかし

りさびしいので、うらの池のほとりで、じっと考えこんでいました。ひとりでに、なみだがこぼれて、ぽとーんと、池の中におちました。

［イ］、池の中から、白いかみの老人(ろうじん)があらわれて、

「なぜ、なくのじゃ。」

と、やさしく、たずねました。

（君島 久子やく『王さまと九人のきょうだい』岩波書店）

④ ある日、だれが、どこで、どのように考えこんでいましたか。

だれが（　　　　）が

どこで（　　　　）で

どのように（　　　　）考えこんでいた。

⑤ おばあさんのさびしい気持(きも)ちがわかる文に、線を引きましょう。

⑥ 池の中からあらわれたのは、だれですか。

（　　　　）

⑦ ⑥の人は、何とたずねましたか。

「　　　　」

物語の読み取り ④

名前

月　日

① 次の文章を読んで、後の問いに答えましょう。

ちいさなヌーチェは、北国の男の子です。※ツンドラの野原のテント小屋で、うまれました。

トナカイのちちをのみ、トナカイとかけっこして、大きくなりました。

ほっぺたは、野原のはてにのぼるあさ日のようにまっか。目は、氷の下におよぐ魚のように、ぴちぴちひかって、元気な子どもでした。

※ツンドラ…一年のほとんどは、氷がはっていて、夏だけコケなどが生える平原。

（「ヌーチェの水おけ」神沢 利子『二十年前のサンマの化石』小峰書店）

① ヌーチェは、どこでうまれましたか。

（　　　の　　　の　　　）

② どのようにして、大きくなりましたか。

（　　　）をのみ、（　　　）して、大きくなった。

③ ヌーチェはどんな子どもですか。

ほっぺたは、□□□。

目は、□□□□ひかっている。

□□□子ども。

② 次の文章を読んで、後の問いに答えましょう。

　ナナカマドの実が赤くうれて、秋がきます。そして、カモたちが南へわたると、ツンドラの野原は、白い雪と氷におおわれます。

　いよいよ、アザラシがりのきせつがきました。男たちは、そろって海へでかけました。ちびっこのヌーチェも、りょうにいきたくてなりません。

（「ヌーチェの水おけ」神沢 利子『二十年前のサンマの化石』小峰書店）

① 秋がくると、次のものはどうなりますか。

カモたち（　　　　）

ツンドラの野原（　　　　）

② いよいよ、何のきせつがきましたか。

（　　　　）のきせつ

③ ヌーチェは、どうしたいのですか。

（　　　　）

物語の読み取り ⑤

名前　　　月　　日

次の文章を読んで、後の問いに答えましょう。


「あった！」

　コウくんのマフラーは、はやしのはずれのくぼみにおちていました。

　くさいろのマフラーをとったら、フキノトウが三つ、とけかかったゆきのあいだから、ちょっぴりかおをのぞかせていました。

「あ。」

　にこっとして、みんながかおをみあわせました。

　ネコヤナギのかたいつぼみがゆれて、ゆきどけのにおいがしました。

③ マフラーをとったら、何がありましたか。

（　　　　　　　　）

④ ③は、どこから見えましたか。

（　　　　　　　　）

⑤ 「あ。」と声を出したのは、どうしてでしょう。あうものに○をつけましょう。

（　）こわくてどきどきしたから
（　）思いがけないことで、びっくりしたから
（　）わすれていたことを急に思い出したから

（おまえ、□をつれてきてくれたんだな。）

と、コウくんは、こころのなかで、北風にいいました。

ヒュルル　ヒュルルルと北風はわらって、海のとおくにふきすぎていきました。

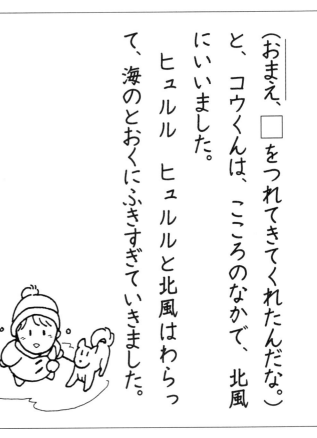

（『くさいろのマフラー』後藤　竜二　草土文化）

① おちていたのは、だれのマフラーですか。

（　　　　）のマフラー。

② マフラーは、どこにおちていましたか。

（　　　　）に

おちていた。

⑥ 「みんながかおをみあわせた」のは、なぜですか。あうものに○をつけましょう。

（　）うれしかったから

（　）こまったから

（　）うたがっているから

⑦ □には、どのきせつのことばが入りますか。あうものに○をつけましょう。

（　）春　（　）夏　（　）秋　（　）冬

⑧ おまえというのはだれですか。

（　　　　）

⑨ ⑧は、どのようにしてふきすぎていきましたか。

（　　　　）

ふきすぎていった。

説明文の読み取り ①

名前

月　日

❶ 次の文章を読んで、後の問いに答えましょう。

みかんの葉の上に、アゲハチョウのよう虫を見つけました。それは、黒っぽい色で、小鳥のふんににていました。

① それは、何をさしますか。

□□□□□□の□□□

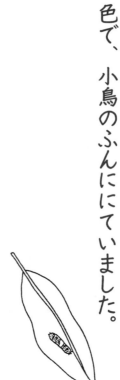

② それは、どんな色で、何ににていましたか。

（　　　　）色で、（　　　　）ににていた。

❷ 次の文章を読んで、後の問いに答えましょう。

ザリガニの子どもは、生まれてから二週間ぐらいは、お母さんのおなかにくっついてくらします。そこが、子どもにとって、一番安全な場所だからです。

① そこは、何をさしますか。

□□□□の□□□□

② ①で、ザリガニの子どもは生まれてから、どのくらいくらしますか。

（　　　　）ぐらい。

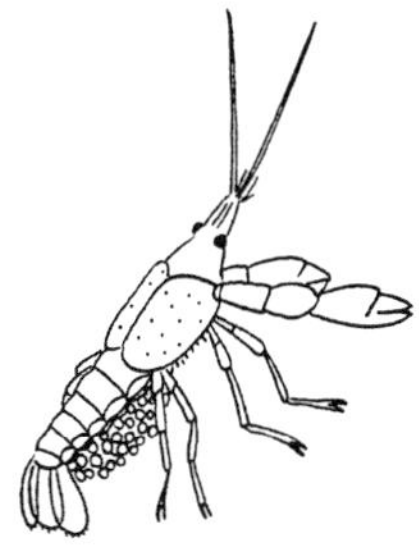

③ 子どもにとって、そこは、どんな場所ですか。

（　　　　　　　　）場所。

③ 次の文章を読んで、後の問いに答えましょう。

牛にゅうには、体にひつようなえいようが、いろいろふくまれています。その（ア）なかでも、ほねや歯（は）をつくるカルシウムがほうふです。それ（イ）が、足りないと、いらいらしたり、ほねが弱くなったりします。

① その（ア）は、何をさしますか。

□□□□□□□な□□□

② それ（イ）は、何をさしますか。

□□□□□

③ ②のものは、何をつくりますか。

（　　や　　）をつくる。

④ それ（イ）が足りないと、どうなりますか。

（　　　　　　　　）

説明文の読み取り ②

名前

月　日

① 次の文章を読んで、後の問いに答えましょう。

まるはなばちは口をとがらせて、みつをすいます。花粉が、かおやからだにつきます。その花粉を足でそうじして、うしろ足のかごにあつめます。

まるはなばちは、みつや花粉を巣にもちかえり、子どもたちのえさにするのです。

（高家　博成『こすもすと虫たち』新日本出版社）

① まるはなばちは、どのようにして、みつをすいますか。

（　　　　）、みつをすう。

② 花粉は、どこにつきますか。

（　　　　）につく。

③ その花粉をどうしますか。

（　　　　）して、

（　　　　）にあつめる。

④ まるはなばちは、巣に持ち帰ったみつや花粉を何にしますか。

（　　　　）にする。

② 次の文章を読んで、後の問いに答えましょう。

ネコの顔の触毛（しょくもう）は、広げると顔を取（と）りまく大きな円のような形になります。ネコは、この円の直径（ちょっけい）と同じはばがある所（ところ）なら、どこでも通りぬけられます。ネコは、この触毛を使（つか）って、通れるかどうかを決（き）めているのです。

　また、ネコは、えものを見つけると、見うしなわないように、しっかりと見つめたまま近づきます。ネコは、あごで地（じ）面（めん）をこするようにして、前足をふみ出します。この時ネコは、足もとを見なくても物（もの）にぶつからずに、えものに近づくことができます。ネコは、この触毛を使って、地面をさぐりながら進んでいるのです。

（「ネコのひげ」折井 英治『みんなと学ぶ　小学校国語三年下』学校図書）

① ネコの顔の触毛は、広げるとどんな形になりますか。

（　　　　）

② ネコは、触毛を使って、何を決めているのですか。

（　　　　）

③ ネコは、えものを見つけると、どのように近づきますか。

（　　　　）

④ ネコが、足もとを見なくても物にぶつからずに、えものに近づくことができるのは、なぜですか。

（　　　　から。）

説明文の読み取り ③

名前

月　日

次の文章を読んで、後の問いに答えましょう。

こすもすの茎に、かまきりがうんだたまごのかたまりがついています。

おや！　たまごにちいさな黒い虫がついていますよ。

おしりにながいくだのあるちいさなはちです。

はちは、かまきりのたまごのにおいをかぎわけると、ながいくだをさしこんで、じぶんのたまごをうみつけます。そのたまごからかえったようちゅうは、かまきりのたまごをたべて大きくなります。［　　］つぎの年の春には親になって、たまごのかたまりからでてきます。

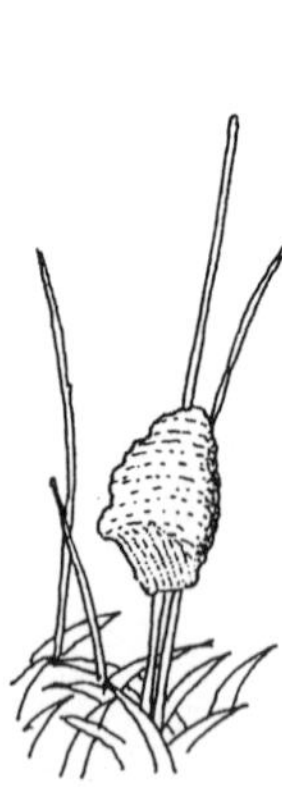

（高家　博成『こすもすと虫たち』新日本出版社）

① かまきりは、どこにたまごをうみましたか。

（　　　　　　　　）

② たまごについている虫は、どんな虫ですか。

（　　　）虫で、（おしりに　　　）はち

③ はちは、どのようにして、かまきりのたまごを見つけるのですか。

（　　　　　　）

④ はちのようちゅうは、何を食べて大きくなりますか。

（　　　　）を食べて大きくなる。

⑤ □に入ることばをえらんで、○をつけましょう。

㋐（　）けれども　㋑（　）それとも　㋒（　）そして

⑥ 文章の内ようの順（じゅん）になるように、（　）に番号（ばんごう）を書きましょう。

（　）はちがたまごをうみつける。

（　）はちが親になって、たまごのかたまりから出てくる。

（　）かまきりがたまごをうむ。

（　）はちのようちゅうが大きくなる。

説明文の読み取り④

名前

月　日

次の文章を読んで、後の問いに答えましょう。

1 植物の中には、かれずに冬をすごすものがあります。

2 寒い所でタンポポを見てみると、葉をねかせて地面にはりつけ、四方八方に広げています。このような形をロゼットといいます。

3 なぜ、タンポポはロゼットで冬をすごすのでしょうか。

4 それは、葉を大きく広げると、太陽の光がたくさん当たるからです。［　　］、せがひくいので、つめたい風をさけることもできます。

●ご購入書籍・プリント名

●ご購入店舗・サイト名等（　　　　　　　　　　　　　　　　）

●ご購入の決め手は何ですか？（あてはまる数字に○をつけてください。）

1．表紙・タイトル　2．中身　3．価格　4．SNSやHP

5．知人の紹介　6．その他（　　　　　　　　　　）

●本書の内容にはご満足いただけたでしょうか？（あてはまる数字に○をつけてください。）

たいへん満足　5　4　3　2　1　不満

●本書の良かったところや改善してほしいところを教えてください。

●ご意見・ご感想、本書の内容に関してのご質問、また今後欲しい商品のアイデアがありましたら下欄にご記入ください。

ご協力ありがとうございました。

★ご感想を小社HP等で匿名でご紹介させていただく場合もございます。　□可　□不可

★おハガキをいただいた方の中から抽選で10名様に2,000円分の図書カードをプレゼント！
当選の発表は、賞品の発送をもってかえさせていただきます。

郵 便 は が き

料金受取人払郵便

大阪北局
承 認
246

差出有効期間
2024年５月31日まで
※切手を貼らずに
お出しください。

５３０-８７９０

１５６

大阪市北区曽根崎２－11－16
梅田セントラルビル

清風堂書店
愛読者係　行

愛読者カード　ご購入ありがとうございます。

フリガナ		性別	男　・　女
お名前		年齢	歳
TEL FAX	（　　）	ご職業	
ご住所	〒　　－		
E-mail	@		

ご記入いただいた個人情報は、当社の出版の参考にのみ活用させていただきます。
第三者には一切開示いたしません。

□学力がアップする教材満載のカタログ送付を希望します。

① このような形とは、どのような形ですか。

葉を（　　　）、（　　　）に（　　　）形。

② 3と4は、何が書いてありますか。□からえらんで、書きましょう。

3（　　　）

4（　　　）

実けん(じっ)したこと　答え　かんさつしたこと　問い

③ □に入ることばをえらんで、○をつけましょう。

（　）また　（　）しかし　（　）それとも

④ タンポポがロゼットで冬をすごすのは、なぜですか。

葉を（　　　）と、（　　　）から。

せが（　　　）ので、（　　　）から。

詩　わたしと小鳥とすずと

名前

月　日

次の詩を読んで、後の問いに答えましょう。

わたしと小鳥とすずと

金子みすゞ（ず）

わたしが両手をひろげても、
お空はちっともとべないが、
とべる小鳥はわたしのように、
地面をはやくは走れない。
［あ］

わたしがからだをゆすっても、
きれいな音はでないけど、
あの鳴るすずはわたしのように
たくさんなうたは知らないよ。
［い］

(2) ［い］について、（　）にあうことばを書きましょう。

① （　　　）と（　　　）をくらべている。

② わたしがからだをゆすっても、（　　　　）けど、わたしはたくさんのうたを知っている。

③ すずは、きれいな音はでるけど、（　　　　）。

(3) 「が」と同じような使い方をしていることばを、詩の中から見つけましょう。

すずと、小鳥と、それからわたし、
みんなちがって、みんないい。

（『国語三上　わかば』）光村図書

(1) あ について、（　）にあうことばを書きましょう。

① （　　）と（　　）をくらべている。

② わたしが両手をひろげても、（　　）が、わたしは地面をはやく走れる。

③ 小鳥は、空をとべるが、（　　）。

(4) 作者の思いが強く表れている一行に線を引きましょう。

(5) この詩には、作者のどんな思いがこめられていますか。二つえらんで、〇をつけましょう。

（　）この世の中では、わたしたち人間がいちばんえらい。

（　）すべてのものが、一つ一つちがっていて、それぞれによさがある。

（　）みんなが、それぞれ自分勝手なことをしていい。

（　）一人一人が、大切なそんざいである。

詩　夕日がせなかをおしてくる

名前

月　日

次の詩を読んで、後の問いに答えましょう。

夕日がせなかをおしてくる

阪田寛夫

夕日がせなかをおしてくる
㋐まっかなうででおしてくる
歩くぼくらのうしろから
でっかい声でよびかける
さよなら　さよなら
さよなら　きみたち
ばんごはんがまってるぞ
あしたの朝ねすごすな

③ 二つ目のまとまりは、だれからだれに声をかけているのですか。

（　　　　）から（　　　　）に。

④ 「夕日がせなかをおしてくる」とは、どういう意味ですか。

（　　　　）が子どもたちの（　　　　）に強くあたっている。

⑤ ㋐とは何のことですか。えらんで、○をつけましょう。

㋐（　）日やけしたうで
㋑（　）夕やけの光線
㋒（　）長いかげぼうし

夕日がせなかをおしてくる
Ⓘそんなにおすなあわてるな
ぐるりふりむき太陽(たいよう)に
ぼくらも負け(ま)ずどなるんだ
さよなら　さよなら
さよなら　太陽
ばんごはんがまってるぞ
あしたの朝ねすごすな

(『国語三上　わかば』光村図書)

① この詩は、いくつのまとまりに分かれていますか。
□つの　まとまり

② 一つ目のまとまりは、だれからだれに声をかけているのですか。
(　　　)から(　　　)に。

⑥ どんな夕日ですか。えらんで、○をつけましょう。
㋐(　)らんぼうでこわい
㋑(　)力強くてやさしい
㋒(　)気が弱くてさびしがりや

⑦ Ⓘから、子どもたちのどんな気持(きも)ちがわかりますか。えらんで○をつけましょう。
㋐(　)もっと遊(あそ)んでいたい
㋑(　)早く家に帰りたい
㋒(　)早くばんごはんを食べたい

⑧ この詩には、夕日のことを、人間がしているように表(あらわ)しているところがあります。二つ書きましょう。
・まっかな(　　　)で(　　　)。
・でっかい(　　　)で(　　　)。

物語文　すいせんのラッパ

名前　　　　月　　日

次の文章を読んで、後の問いに答えましょう。


　そうです。今日は、すいせんが、今年はじめてラッパをふく日なのです。なぜラッパをふくかというとね、冬の間ねむっていたかえるたちに、春ですよ起きなさいと知らせてあげるためです。

　すいせんは、お日さまの高さをはかったり、風のはやさをしらべたり、ラッパをプーとふいたりして、ときどき、もうすぐだというように、うんうん、うなずきます。

　ありたちは、葉っぱの上で、ゆらゆらゆれて、じっとまっています。

　あたたかい風が、ささあっとふきわた

① 今日は、どんな日ですか。

（　　　　　　　　　　）

② すいせんがラッパをふくのは、だれに知らせてあげるためですか。

（　　　　　　　　　　）

③ すいせんは、どんなじゅんびをしていますか。

（　　　　）たり、（　　　　）たり、（　　　　）たりして、ときどき、（　　　　）、うんうん、うなずく。

り、日の光が、一面にちりました。

（うん。今だ！）

すいせんは、大きくいきをすって、金色のラッパをふき鳴らします。

プップ・パッパ・パッパラピー・プウー
すき通った音が、池をわたり、地面をゆさぶり、おかを上って、向こうの空にきえます。ありたちは、目をまん丸にして、うんとせのびをして、まわりを見ました。

……すると、池のそばのつつじのねもとがむくっ。

（あ、あそこだ、あそこだ。）

ありたちは、ひじをついて、ささやきます。

むくっ。むくむくむくっ。グローブみたいなかえるがとび起きました。


（工藤 直子『新しい国語 三上』東京書籍）

④ （うん。今だ！）とすいせんが思ったときを表（あらわ）す文を書きましょう。

（ あたたかい ）

⑤ 金色のラッパの音は、どんな音でしたか。

（　　　）

⑥ すき通った音は、どこを通ってきえましたか。

（　　　）

⑦ とび起きたのは、どんなかえるでしたか。

（　　　）かえる

物語文　きつつきの商売

名前

月　日

次の文章を読んで、後の問いに答えましょう。


野うさぎは、きつつきのさし出したメニューをじっくりながめて、メニューのいちばんはじっこをゆびさしながら、

「これにするわ。」

と言いました。

　ぶなの音です。

「四分音符分、ちょうだい。」

「しょうちしました。では、どうぞこちらへ。」

　きつつきは、野うさぎをつれて、ぶなの森にやって来ました。

　それから、野うさぎを、大きなぶなの

① 野うさぎは、どんなようすで、音をえらびましたか。

メニューを（　　　　　　　　）

② 野うさぎは、何をどれだけ注文しましたか。

何を（　　　　　　　　）

どれだけ（　　　　　　　　）

③ きつつきは、野うさぎを、どこに立たせましたか。

（　　　　　　　　）

④ きつつきは、どこに止まりましたか。

（　　　　　　　　）

木の下に立たせると、自分は、木のてっぺん近くのみきに止まりました。

「さあ、いきますよ。いいですか。」

きつつきは、木の上から声をかけました。

野うさぎは、きつつきを見上げて、こっくりうなずきました。

「では。」

きつつきは、ぶなの木のみきを、くちばしで力いっぱいたたきました。

コーン。

ぶなの木の音が、ぶなの森にこだましました。

野うさぎは、きつつきを見上げたまま、だまって聞いていました。きつつきも、うっとり聞いていました。

四分音符分よりも、うんと長い時間がすぎてゆきました。


（林原 玉枝『国語三上 わかば』光村図書）

⑤ きつつきが、木の上から声をかけると、野うさぎはどうしましたか。

（　　　　）て、（　　　　）。

⑥ きつつきは、どのようにして、音を出しましたか。

（　　　　）を（　　　　）。

⑦ ⑥はどんな音でしたか。

（　　　　）

⑧ ぶなの木の音は、どうなりましたか。

（　　　　）

⑨ 野うさぎときつつきが、音にひたっていることがわかる一文を書きましょう。

（　　　　）

物語文　つり橋わたれ ①

名前

月　日

次の文章を読んで、後の問いに答えましょう。

「やあい、やあい、くやしかったら、
つり橋わたって、かけてこい。」
山の子どもたちがはやしました。
トッコは、きゅっとくちびるをかみしめて、ゆれるつり橋を見ました。ふじづるでできた橋の下には、谷川がゴーゴーとしぶきを上げてながれています。

① だれが、だれをはやしましたか。

だれが（　　　　）が

だれを（　　　　）をはやした。

② 「きゅっとくちびるをかみしめて」から、トッコのどんな気持ちがわかりますか。あうものに一つ、○をつけましょう。

（　）一人になったので、つまらない。

（　）ようし、がんばるぞ。

（　）はやされて、くやしい。

③ 谷川は、どんなようすでながれていますか。

（　　　　）と（　　　　）

ながれている。

橋はせまいくせに、ずいぶん長くて、人が歩くと、よくゆれます。おまけに、今にもふじづるが切れそうなほど、ギュッ、ギュッと、きしむのです。だから、さすがにまけずぎらいなトッコも、足がすくんでしまいました。

「やあい、ゆう気があったら、とっととわたれ。」

（長崎　源之助『みんなと学ぶ　小学校国語三年上』学校図書）

④ どんな橋ですか。

せまいくせに、（　　　　）て、

人が歩くと（　　　　）。

今にも（　　　　）

ほど、（　　　　）。

⑤ トッコのせいかくを表（あらわ）すことばを、上の文章から見つけましょう。

⑥ 「足がすくんでしまいました」は、どんなようすですか。あうものに一つ、○をつけましょう。

（　）歩きすぎて、足がいたい。

（　）こわくて、足が一歩も出ない。

（　）速（はや）すぎて、追（お）いつけない。

物語文　つり橋わたれ ②

名前

月　日

次(つぎ)の文章(ぶんしょう)を読んで、後の問(と)いに答えましょう。

　トッコはびっくりして、思わず目をつむりました。

　そして、こわごわ目をあけると、そばに、かすりの着物(きもの)を着た男の子が立っていたのです。

㋐「あら、あんた、いつ来たの。」

と、トッコがきくと、男の子は、

「あら、あんた、いつ来たの。」

と言って、にっこりしました。

「おかしな子ね。」

① トッコはびっくりして、どうしましたか。

（　　　　　　　　）

② こわごわ目をあけると、そばに、だれが立っていましたか。

（　　　　　　　　）を着た

（　　　　　　　　）が立っていた。

③ ㋐と、トッコが聞くと、男の子は何と言いましたか。

「　　　　　　　　。」

④ 男の子は、③と言ってどうしましたか。

（　　　　　　　　）

「おかしな子ね。」

「こらっ、まねするな。」

トッコが手をふり上げると、男の子は、

「こらっ、まねするな。」

と言って、にげました。

「まねすると、ぶつわよ。」

「まねすると、ぶつわよ。」

男の子は、わらいながら、つり橋をトントンかけていきました。

トッコも、知らないうちに、つり橋をトントンわたっていました。つり橋はゆれましたが、トッコは、もうこわいと思いませんでした。


（長崎　源之助『みんなと学ぶ　小学校国語三年上』学校図書）

⑤ トッコは、なぜ「おかしな子ね。」と言ったのですか。□にあうことばを、上の文章から見つけましょう。

男の子が、トッコのことばを□□したから。

⑥ 男の子は、どうしながら、つり橋をかけていきましたか。

（　　　）、かけていった。

⑦ ⑥の後、トッコは、どうしていましたか。

トッコも（　　　）に、（　　　）。

⑧ ⑦のとき、トッコは、どんな思いでしたか。

（　　　）が（　　　）ても（　　　）。

物語文　まいごのかぎ

名前

月　日

次の文章を読んで、後の問いに答えましょう。

ふり向くと、バスが十何台も、おだんごみたいにぎゅうぎゅうになって、やって来るのです。

「わたしが、時こく表をめちゃくちゃにしたせいだ。」

どうしよう。もう、交番にも行けない。おまわりさんにしかられる。りいこは、かぎをぎゅっとにぎりしめて、立ちすくんでしまいました。

きみょうなことは、さらにおこりました。つながってきたバスが、りいこの前で止まり、クラクションを、ファ、ファ、ファーン、と、がっそうするように鳴ら

① りいこは、バスがたくさんやって来たのは、なぜだと思いましたか。

（わたしが、　　　　　　　　）

② どうしようと、こまっていることがわかるところに線を引きましょう。

③ きみょうなこととは、どんなことですか。

バスが、クラクションを、

（　　　　　　　　）し、

（　　　　　　　　）て、

（　　　　）や（　　　　）をかえはじめた。

したのです。そして、リズムに合わせて、くるくると、向きや順番（じゅんばん）をかえはじめました。りいこは、目をぱちぱちしながら、そのダンスに見とれていました。

「なんだか、とても楽しそう。」

そして、はっと気づいたのです。もしかしたら、あのさくらの木も、楽しかったのかもしれない。どんぐりの実（み）をつけたのは、きっと春がすぎても、みんなと遊（あそ）びたかったからなんだ。ベンチも、たまには公園でねころびたいだろうし、あじだって、いちどは青い空をとびたかったんだ。

「みんなも、すきに走ってみたかったんだね。」

しばらくして、バスはまんぞくしたかのように、一台一台といつもの路線（ろせん）に帰っていきました。

（斉藤　倫『国語三上　わかば』光村図書）

④ 見とれていたのは、どう思ったからですか。

（　　　　　　　　　　）

⑤ はっと気づいたのは、何ですか。

さくらの木…どんぐりの実をつけたのは、

（　　　　　　　　　　）

ベンチ…

（　　　　　　　　　　）

あじ…

（　　　　　　　　　　）

⑥ りいこは、バスがしたかったことを何だと思いましたか。

（　　　　　　　　　　）

物語文　はりねずみと金貨

名前

月　日

次の文章を読んで、後の問いに答えましょう。


　子ぐまははりねずみにおいつくと、いきもつかずに話しだしました。

「おじいさん、ぼく、冬ごもりするんだよ！　葉っぱを、たくさんたくさんしいて、お母さんといっしょに木の下で。だから春まで会えないの。それでおやすみ言いにきたの。春になって目がさめたら、またいろんなお話聞かせてね。」

　そして、まだ目をぱちくりしているはりねずみに、

「はい。これお母さんから。」

と、小さなはちみつのつぼを手わたす

① 子ぐまが話しだしたことを書きましょう。

子ぐまが（　　　　）こと。

だから（　　　　）こと。

それで（　　　　）こと。

② 子ぐまが手わたしたものは、何でしたか。

（　　　　）

③ 「きっとだよ！」とは、何のことですか。

春になって（　　　　）、また（　　　　）ということ。

と、また、もと来た方へかけていきました。

「きっとだよ！。」

子ぐまが見えなくなるまで、じっと見おくっていたはりねずみが、ふと気づくと、それは今朝、金貨（きんか）を拾（ひろ）ったあたりでした。

はりねずみは手の中の金貨を見ながら、考えました。

（金貨は取（と）っときなよ……か。じゃが、何のために？　ほしきのこはあるし、新しいくつもある。あったかいくつ下に、はちみつまであるというのに。）

はりねずみはしばらく金貨を手の中でころがしていましたが、やがて、それを道ばたにおき、わが家へ向かって歩きだしました。

「だれかの役（やく）に立つかもしれんしな。」


（ウラジーミル・オルロフ文　田中　潔やく『新しい国語　三上』東京書籍）

④ はりねずみが、金貨を見ながら考えたことは、どういうことですか。（　）にことばを書きましょう。

金貨を取っておくのは（　　　　？）

（　　　　）し、

（　　　　）ある。

（　　　　）に、

（　　　　）というのに。

⑤ はりねずみは、やがて、金貨をどうしましたか。

（　　　　）

⑥ はりねずみが⑤のようにしたのは、なぜでしょう。

（　　　　）

物語文　サーカスのライオン ①

名前

月　日

次の文章を読んで、後の問いに答えましょう。

[1] 男の子は、チョコレートのかけらをさし出した。
「さあ、お食べよ。ぼくと半分こだよ。」
[2] じんざは、チョコレートはすきではなかった。けれども、目を細くして受け取った。㋐じんざはうれしかったのだ。
[3] それから男の子は、毎日やってきた。
[4] じんざは、もうねむらないでまっていた。やってくるたびに、男の子はチョコレートを持ってきた。そして、お母さんのことを話して聞かせた。

① ㋐のようすがよくわかる文を書きましょう。
けれども、
（　　　　　　　　）。

② 男の子へのじんざの気持ちが、よくわかる文を[4]から二つ書きましょう。
じんざは、
（　　　　　　　　）。
じんざは、
（　　　　　　　　）。

③ [　　] にあうことばを一つえらんで、○をつけましょう。
（　）いよいよ　（　）ますます　（　）いつも

じんざはのり出して、うなずいて聞いていた。

5 □、サーカスがあしたで終(お)わるという日、男の子はいきをはずませてとんできた。

「お母さんがね、もうじき、たい院(いん)するんだよ。それにおこづかいもたまったんだ。あしたサーカスに来るよ。火の輪(わ)をくぐるのを見に来るよ。」

6 男の子が帰っていくと、じんざの体に力がこもった。目がぴかっと光った。

「……ようし、あした、わしはわかいときのように、火の輪を五つにしてくぐりぬけてやろう。」

（川村 たかし『新しい国語 三年上』東京書籍）

④ いは、なぜですか。あうものを一つえらんで、○をつけましょう。

（ ）じんざに早くわかれを言いたいから。

（ ）じんざに早く知らせたいことがあるから。

（ ）じんざに会うのが、いつもよりおそくなったから。

⑤ 男の子が話したことを、二つ書きましょう。

お母さんが、

（ ）こと。

おこづかいがたまったので、

（ ）こと。

⑥ じんざは、あした何をしようと決意(けつい)しましたか。

（ ）

物語文　サーカスのライオン ②

名前

月　日

次の文章を読んで、後の問いに答えましょう。

「なあに。わしは火には、なれていますのじゃ。」

けれども、ごうごうとふき上げるほのおはかいだんをはい上り、けむりはどの部屋からもうずまいてふき出ていた。

じんざは足を引きずりながら、男の子の部屋までたどり着いた。

① 火事のはげしいようすを書きましょう。

ほのお（　　　　）

けむり（　　　　）

② 男の子は、どこで、どうしていましたか。　出る

どこで（　　　　）で、

どうしていた（　　　　）

③ ②を見たじんざは、どうしましたか。

（　　　　）

部屋の中で、男の子は気をうしなってたおれていた。じんざはすばやくだきかかえて、外へ出ようとした。けれども、表はもう、ほのおがぬうっと立ちふさがってしまった。

石がきの上のまどから首を出したじんざは、思わず身ぶるいした。高いので、さすがのライオンもとび下りることはできない。

じんざは力のかぎりほえた。

ウォーッ

（川村　たかし『新しい国語　三年上』東京書籍）

④ 表のようすが書かれているところに、線を引きましょう。

⑤ 思わず身ぶるいしたのは、なぜですか。

高いので、じんざでも（　　　　）から。

⑥ ～～とは、どんな声でほえたのですか。一つえらんで、〇をつけましょう。

（　）とても大きなきれいな声

（　）これ以上出ないほどの声

⑦ 「ウォーッ」には、じんざのどんな思いがこめられていますか。二つえらんで、〇をつけましょう。

（　）火がこわい。もうだめだ。

（　）何があっても、この子だけは助けるぞ。

（　）だれか早く気づいてくれ。ここに子どもがいるんだ。

（　）わしは、火の輪を五つにしてくぐりぬけるぞ。

物語文　わすれられないおくりもの　①

名前

月　日

次の文章を読んで、後の問いに答えましょう。

あなぐまは、かしこくて、いつもみんなにたよりにされています。こまっている友達は、だれでも、きっと助けてあげるのです。それに、大変年をとっていて、知らないことはないというぐらい、もの知りでした。あなぐまは、自分の年だと、死ぬのがそう遠くはないことも、知っていました。

あなぐまは、㋐死ぬことをおそれてはいません。死んで体がなくなっても、心はのこることを知っていたからです。だか

① どんなあなぐまですか。

かしこくて、いつも（　　　　）。

こまっている友達は、だれでも、（　　　　）。

大変（　　　　）、知らないことはないというぐらい、

（　　　　）

② ㋐というのは、なぜですか。

（　　　　）も、

（　　　　）から。

ら、前のように体がいうことをきかなくなっても、くよくよしたりしませんでした。ただ、あとにのこしていく友達のことが気がかりで、自分が㋑いつか長いトンネルの向こうに行ってしまっても、あまり悲しまないようにと、言っていました。

　ある日のこと、あなぐまは、もぐらとかえるのかけっこを見に、おかに登りました。その日は、とくに年をとったような気がしました。あと一度だけでも、みんなといっしょに走れたらと思いましたが、あなぐまの足では、もう無理なことです。それでも、友達の楽しそうな様子をながめているうちに、自分も幸せな気もちになりました。

（スーザン・バーレイ文／小川仁央やく『ひろがる言葉　小学国語　三上』教育出版）

③ あなぐまは、何が気がかりだったのですか。

（　　　　　　　）のこと。

④ ㋑は、どんな意味ですか。あうものに、○をつけましょう。

（　）死んでしまうこと。

（　）遠いよその村に行くこと。

⑤ あなぐまは、自分が行ってしまっても、どうするようにと、言っていましたか。

（　　　　　　　）と、言っていた。

⑥ あなぐまは何を見に、おかに登りましたか。

（　　　　　　　）

⑦ ⑥を見て、あなぐまはどう思いましたか。

（　　　　　　　）と思った。

⑧ なぜ、あなぐまは幸せな気持ちになったのですか。わかる所に、線を引きましょう。

物語文　わすれられないおくりもの②

名前

月　日

次の文章を読んで、後の問いに答えましょう。

　みんなだれにも、なにかしら、あなぐまの思い出がありました。あなぐまは、一人一人に、わかれたあとでもたからものとなるような、ちえやくふうをのこしてくれたのです。みんなは、それで、たがいに助け合うこともできました。
　最後の雪が消えたころ、あなぐまがのこしてくれたもののゆたかさで、みんなの悲しみも、消えていました。あなぐまの話が出るたびに、

① 「一人一人に」と同じ意味のことばを、上の文章の中からさがして、書きましょう。

② あなぐまは、一人一人に、何をのこしてくれましたか。

（　　　　　　）

③ できましたとは、どうすることですか。

（　　　　　　）こと。

④ 最後の雪が消えたころ、何が消えましたか。

（　　　　　　）

だれかがいつも、楽しい思い出を、話すことができるようになったのです。

あるあたたかい春の日に、もぐらは、いつかかえるとかけっこをしたおかに登（のぼ）りました。もぐらは、あなぐまがのこしてくれた、おくりもののお礼（れい）が言いたくなりました。

「ありがとう、あなぐまさん。」

もぐらは、なんだか、そばであなぐまが、聞いていてくれるような気がしました。

そうですね――きっとあなぐまに――聞こえたにちがいありませんよね。


（スーザン・バーレイ 文／小川 仁央 やく『ひろがる言葉　小学国語　三上』教育出版）

⑤ みんなが話すことができるようになったのは、何ですか。

（　　　　）

⑥ もぐらは、いつ、どこに登りましたか。

いつ（　　　　）

どこに（　　　　）

⑦ もぐらは、何のお礼を言いたくなりましたか。

あなぐまがのこしてくれた、（　　　　）へのお礼。

⑧ もぐらは、どんな気がしましたか。

（　　　　）

物語文　ちいちゃんのかげおくり ①

名前

月　日

次の文章を読んで、後の問いに答えましょう。


　ちいちゃんとお兄ちゃんを中にして、四人は手をつなぎました。そして、みんなで、かげぼうしに目を落としました。

「まばたきしちゃ、だめよ。」

と、お母さんがちゅういしました。

「まばたきしないよ。」

ちいちゃんとお兄ちゃんが、やくそくしました。

「ひとうつ、ふたあつ、みいっつ。」

と、お父さんが数えだしました。

「ようっつ、いつうつ、むうっつ。」

と、お母さんの声もかさなりました。

① 「目を落としました。」とは、どうしたのですか。
下にある（　　）を（　　）。

② ちいちゃんとお兄ちゃんは、何をやくそくしましたか。
（　　）こと。

③ 数を数えだしたじゅんに、家族を書きましょう。
（　　）←（　　）←（　　）

「ななあつ、やあっつ、ここのうつ。」

ちいちゃんとお兄ちゃんも、いっしょに数えだしました。

「とお。」

目の動きといっしょに、白い四つのかげぼうしが、すうっと空に上がりました。

「すごうい。」

と、お兄ちゃんが言いました。

「すごうい。」

と、ちいちゃんも言いました。

「今日の記念写真だなあ。」

と、お父さんが言いました。

「大きな記念写真だこと。」

と、お母さんが言いました。

次の日、お父さんは、白いたすきをかたからななめにかけ、日の丸のはたに送られて、列車に乗りました。


（あまん　きみこ『国語三下　あおぞら』光村図書）

④ みんなで数を数えだしたことから、家族のどんなようすがわかりますか。一つえらんで、○をつけましょう。

（　）自分のことばかり考えている。

（　）明るくて、にぎやかである。

（　）心がつながっていて、なかがいい。

⑤ 「とお。」と数えると、どうなりましたか。

（　　　　　　　　　　）

⑥ お兄ちゃんとちいちゃんの気持ちがわかる言葉を書きましょう。

「　　　　　　　　　　。」

⑦ 「今日」とは、どんな日ですか。

お父さんが戦争に行く（　　　　　　）の日。

⑧ お母さんは何と言いましたか。

「　　　　　　　　　　。」

物語文　ちいちゃんのかげおくり　②

名前

月　日

次の文章を読んで、後の問いに答えましょう。

夏のはじめのある夜、※くうしゅうけいほうのサイレンで、ちいちゃんたちは目がさめました。

「さあ、急いで。」

お母さんの声。

外に出ると、もう、赤い火が、あちこちに上がっていました。

㋐お母さんは、ちいちゃんとお兄ちゃんを両手につないで、走りました。

風の強い日でした。

「こっちに火が回るぞ。」

「川の方ににげるんだ。」

※くうしゅうけいほう…てきのひこうきによるこうげきを知らせる合図

① ちいちゃんたちは、何で目がさめましたか。

（　　　　　　）

② 外に出ると、どうなっていましたか。

（　　　　　　）

③ ㋐お母さんは、どうしましたか。

（　　　　　　）

④ 火が回って、せまってきていることがわかる文を二つ書きましょう。

（　　　　　　）。

（　　　　　　）。

だれかがさけんでいます。

風があつくなってきました。ほのおのうずが追(お)いかけてきます。㋑お母さんは、ちいちゃんをだき上げて走りました。

「お兄ちゃん、はぐれちゃだめよ。」

お兄ちゃんがころびました。足から血(ち)が出ています。ひどいけがです。㋒お母さんは、お兄ちゃんをおんぶしました。

「さあ、ちいちゃん、母さんとしっかり走るのよ。」

けれど、たくさんの人に追いぬかれたり、ぶつかったり――、ちいちゃんは、㋓お母さんとはぐれました。

「お母ちゃん、お母ちゃん。」

ちいちゃんはさけびました。


（あまん　きみこ『国語三下　あおぞら』光村図書）

⑤ ㋑お母さんは、どうしましたか。

（　　　　　）

⑥ ㋒お母さんが、お兄ちゃんをおんぶしたのは、なぜですか。

（お兄ちゃんが　　　　　）

⑦ ちいちゃんが、㋓お母さんとはぐれたのは、どうしてですか。

（　　　　　）

⑧ ちいちゃんはさけびましたから、どんなようすがわかりますか。

（　　　　　）

物語文　三年とうげ ①

名前

月　　日

次の文章を読んで、後の問いに答えましょう。

　お日様が西にかたむき、夕やけ空がだんだん暗くなりました。

　ⓐところがたいへん。あんなに気をつけて歩いていたのに、おじいさんは、石につまずいて転んでしまいました。おじいさんは真っ青になり、がたがたふるえました。

　家にすっとんでいき、おばあさんにしがみつき、ⓘおいおいなきました。

① ⓐとは、だれが、どんなわけで、どうしたのですか。

だれが（　　　　　）

どんなわけで（　　　　　）

どうした（　　　　　）

② ①のあと、おじいさんのようすを表す文を書きましょう。

（　　　　　）

③ おじいさんが気をつけていたのは、どんなことですか。

「ああ、どうしよう、どうしよう。わしのじゅみょうは、あと三年じゃ。三年しか生きられぬのじゃあ。」

その日から、おじいさんは、ごはんも食べずに、ふとんにもぐりこみ、とうとう病気になってしまいました。

お医者をよぶやら、薬を飲ませるやら、おばあさんはつきっきりで看病しました。［　　］、おじいさんの病気はどんどん重くなるばかり。村の人たちもみんな心配しました。


（李錦玉『国語三年下　あおぞら』光村図書）

（　　　　　　　）歩くこと。

④ ⓘとは、どんななき方ですか。一つえらんで、○をつけましょう。

（　）声をたてずに、よわよわしくなく。

（　）なみだをぽろぽろ流してなく。

（　）声をあげて、はげしくなく。

⑤ ④のようにないたのは、なぜですか。

（　　　　　　　）から。

⑥ おじいさんは、どうなってしまいましたか。

（　　　　　　　　　　　　　　）

⑦ ［　　］には、どんなことばが入りますか。一つえらんで、○をつけましょう。

（　）そうして
（　）けれども
（　）やがて

物語文　三年とうげ　②

名前

月　日

次の文章を読んで、後の問いに答えましょう。

おじいさんの病気はどんどん重くなるばかり。村の人たちもみんな心配しました。

Ⓐそんなある日のこと、※水車屋のトルトリが、みまいに来ました。

※水車を使い米や麦をこなにひく仕事をしている人

「Ⓘおいらの言うとおりにすれば、おじいさんの病気はきっとなおるよ。」

「どうすればなおるんじゃ。」

おじいさんは、ふとんから顔を出しました。

① Ⓐの意味として、よいものはどれですか。一つえらんで、○をつけましょう。

（　）おじいさんが三年とうげで転んだ日。

（　）おじいさんの病気が重くなっている日。

（　）トルトリがみまいに来た日。

② トルトリは、どんな気持ちでみまいに来ましたか。えらんで、○をつけましょう。

（　）きっと、おじいさんはなおらない。

（　）ぜったいなおってほしい。

「なおるとも。三年とうげで、もう一度(いちど)転(ころ)ぶんだよ。」

「ばかな。わしに、もっと早く死(し)ねと言うのか。」

㋒「そうじゃないんだよ。一度転ぶと、三年 生きるんだろ。二度転べば六年、三度転べば九年、四度転べば十二年。このように、何度も転べば、ううんと長生きできるはずだよ。」

おじいさんは、しばらく考えていましたが、㋓うなずきました。

「うん、なるほど、なるほど。」

そして、ふとんからはね起(お)きると、三年とうげに行き、わざとひっくり返り、転びました。

（李錦玉『国語三年下　あおぞら』光村図書）

③ ㋑とは、どうすることですか。

（　　　　　）

④ ㋒の「そう」は、どの文をさしていますか。（、と。も入れます）

⑤ ㋓とは、どんな考えにうなずいたのですか。

（　　　　　）

⑥ うなずいたおじいさんは、どうしましたか。
それがわかる文に、線を引きましょう。

物語文　モチモチの木 ①

名前

月　日

次の文章を読んで、後の問いに答えましょう。

　全く、豆太ほどおくびょうなやつはない。もう五つにもなったんだから、夜中に、一人でせっちん※1ぐらいに行けたっていい。

　ところが、豆太は、せっちんは表にあるし、表には大きなモチモチの木がつっ立っていて、空いっぱいのかみの毛をバサバサとふるって、両手を「わあっ。」とあげるからって、夜中には、じさまについてってもらわないと、一人じゃしょうべんもできないのだ。

　じさまは、ぐっすりねむっている真夜中に、豆太が「じさまぁ。」って、どん

① 語り手は、豆太のことをどう言っていますか。

豆太ほど（　　　　　　）。

② ①のように言うのは、なぜですか。

もう（　　　　　　）のに、

夜中に、（　　　　　　）にも

行けないから。

③ 豆太には、モチモチの木がどんなふうに見えるのですか。

なに小さい声で言っても、「しょんべんか。」と、すぐ目をさましてくれる。いっしょにねている一まいしかないふとんを、ぬらされちまうよりいいからなぁ。

それに、とうげのりょうし小屋（ごや）に、自分とたった二人でくらしている豆太が、かわいそうで、かわいかったからだろう。

けれど、豆太のおとうだって、くまと組みうちして、頭をぶっさかれて死んだほどのきもすけ※2だったし、じさまだって、六十四の今、まだ青じし※3を追っかけて、きもをひやすような岩から岩へのとびうつりだって、見事（みごと）にやってのける。

それなのに、どうして豆太だけが、こんなにおくびょうなんだろうか——。

※1 せっちん…べんじょのこと
※2 きもすけ…どきょうのある人のこと
※3 青じし…かもしかのこと

（斎藤 隆介『国語三下 あおぞら』光村図書）

（ 空いっぱいの ）

④ 豆太が「じさまぁ。」って、どんなに小さい声で言っても、じさまは、どうしてくれますか。

（　　　　）

⑤ じさまは、豆太のことをどう思っていましたか。

（　　　　）

⑥ 豆太のおとうやじさまは、どんな人ですか。一つえらんで、〇をつけましょう。

（　）おくびょうな人
（　）こわい人
（　）どきょうのある人

物語文　モチモチの木②

名前　　　月　　日

次の文章を読んで、後の問いに答えましょう。


　モチモチの木ってのはな、豆太がつけた名前だ。小屋のすぐ前に立っている、でっかいでっかい木だ。

　秋になると、茶色いぴかぴか光った実を、いっぱいふり落としてくれる。その実を、じさまが、木うすでついて、石うすでひいてこなにする。こなにしたやつをもちにこね上げて、ふかして食べると、ほっぺたが落っこちるほどうまいんだ。

「やい、木ぃ、モチモチの木ぃ、実ぃ落とせぇ。」

なんて、昼間は木の下に立って、かた足

① モチモチの木は、どんな木ですか。
小屋のすぐ前に立っている、

（　　　　　　）木。

② どうして、モチモチの木とよぶのですか。
茶色い（　　　　）を、（　　　　）が
（　　　　）でついて、（　　　　）で
ひいて（　　　　）にして、それを（　　　　）
にこねあげ、ふかして食べるから。

③ 食べると、どのくらいおいしいのですか。
（　　　　　　）うまい。

で足ぶみして、いばってさいそくしたりするくせに、夜になると、豆太はもうだめなんだ。木がおこって、両手（りょうて）で、「お化（ば）けぇ。」って、上からおどかすんだ。夜のモチモチの木は、そっちを見ただけで、もう、しょんべんなんか出なくなっちまう。

じさまが、しゃがんだひざの中に豆太をかかえて、

「ああ、いい夜だ。星に手がとどきそうだ。おく山じゃぁ、しかやくまめらが、鼻（はな）ぢょうちん出して、ねっこけて※やがるべ。それ、シイーッ。」

って言ってくれなきゃ、とっても出やしない。

※ねっこけて…ねむりこけて

（斎藤　隆介『国語三下　あおぞら』光村図書）

④ 豆太は、昼間はモチモチの木にどんなふうにしますか。

かた足で足ぶみして、

（　　　　　　　　）する。

⑤ 豆太は、夜のモチモチの木がどうすると思っていますか。

木が（　　　　　　）、両手で

「（　　　　　　）。」って、おどろかす。

⑥ 夜になると、豆太がだめになることがわかる部分（ぶぶん）に、線を引きましょう。

⑦ じさまは、なぜ〰〰の話をするのですか。一つえらんで、○をつけましょう。

（　）豆太がこわがらないように。

（　）豆太が早くねむれるように。

（　）豆太がしょんぼりしないように。

物語文　モチモチの木　③

名前

月　日

次(つぎ)の文章(ぶんしょう)を読んで、後の問(と)いに答えましょう。

豆太は、真夜中(まよなか)に、ひょっと目をさました。頭の上で、ⓐくまのうなり声が聞こえたからだ。

「じさまぁっ。」

むちゅうでじさまにしがみつこうとしたが、じさまはいない。

「ま、豆太、ⓘ心配すんな。じさまは、じさまは、ちょっとはらがいてえだけだ。」

まくら元で、くまみたいに体を丸めてうなっていたのは、じさまだった。

「じさまっ。」

こわくて、びっくらして、豆太はじさ

① ⓐの正体は何でしたか。（　）に書き入れましょう。

（　　　　）で、（　　　　）みたいに体を丸めてうなっていた（　　　　）。

② じさまがⓘと言ったのは、なぜですか。

豆太を（　　　　）させたくなかったから。

③ じさまのはらいたがひどくなっていくことがわかる文に、線を引きましょう。

④ 豆太は、医者様をよぶために、どうしましたか。

まにとびついた。けれども、じさまは、ころりとたたみに転げると、歯を食いしばって、ますますすごくうなるだけだ。

「医者様を、よばなくっちゃ。」

豆太は小犬みたいに体を丸めて、表戸を体でふっとばして走りだした。

㋒ねまきのまんま。はだしで。半道もあるふもとの村まで――。

外はすごい星で、月も出ていた。とうげの下りの坂道は、一面の真っ白い霜で、㋓雪みたいだった。霜が足にかみついた。足からは血が出た。豆太は、なきなき走った。いたくて、寒くて、こわかったからなぁ。

でも、大すきなじさまの死んじまうほうが、もっとこわかったから、なきなきふもとの医者様へ走った。

※半道…やく二キロメートル

（斎藤 隆介『国語三下 あおぞら』光村図書）

（　　　　）、表戸を（　　　　）。

⑤ ㋒から、どんなことがわかりますか。一つえらんで、○をつけましょう。

（　）豆太がねぼけていること。

（　）豆太がびっくりしてあわてていること。

（　）豆太がひっしで急いでいること。

⑥ ㋓に見えたのは、何ですか。

（　　　　）

⑦ 足から血が出たのは、なぜですか。

霜が（　　　　）から。

⑧ 豆太がなきなき走った一番の理由は何ですか。

（　　　　）

説明文　こまを楽しむ

名前

月　日

次の文章を読んで、後の問いに答えましょう。

日本は、世界でいちばんこまのしゅるいが多い国だといわれています。では、どんなこまがあるのでしょう。また、どんな楽しみ方ができるのでしょう。

色がわりごまは、回っているときの色を楽しむこまです。こまの表面には、もようがえがかれています。ひねって回すと、もように使われている色がまざり合い、元の色とちがう色にかわるのがとくちょうです。同じこまでも、回すはやさによって、見える色がかわってきます。

① この文章の問いを二つ書きましょう。

（　　　　　）

（　　　　　）

② 色がわりごまは、何を楽しむこまですか。

（　　　　　）

③ 色がわりごまを回すと、どうなりますか。

（　　　　　）

④ 同じこまでも、何で見える色がかわりますか。

（　　　　　）

鳴りごまは、回っているときの音を楽しむこまです。こまのどうは大きく、中がくうどうになっていて、どうの横（よこ）には、細長いあなが空いています。ひもを引っぱって回すと、あなから風が入りこんで、ボーッという音が鳴ります。その音から、うなりごまともよばれています。

さか立ちごまは、とちゅうから回り方がかわり、その動き（うご）を楽しむこまです。このこまは、ボールのような丸いどうをしています。指（ゆび）で心ぼうをつまんで、いきおいよく回すと、はじめはふつうに回るのですが、回っていくうちに、だんだんかたむいていきます。そして、さいごは、さかさまにおき上がって回ります。

（安藤 正樹『国語三上　わかば』光村図書）

⑤ 鳴りごまは、何を楽しむこまですか。

（　　　　　　　　　　）

⑥ 鳴りごまを回すと、どうなりますか。

（　　　　　　　　　　）

⑦ 鳴りごまが、「うなりごま」ともよばれるのは、なぜですか。

（　　　　　　　　　　）から。

⑧ さか立ちごまは、回すと、どうなりますか。

はじめは（　　　　　　　　　　）。

だんだん（　　　　　　　　　　）。

さいごは（　　　　　　　　　　）。

説明文　自然のかくし絵 ①

次の文章を読んで、後の問いに答えましょう。

木のみきにとまったはずのセミや、草のしげみに下りたはずのバッタを、ふと見うしなうことがあります。

セミやバッタは、木のみきや草の色と見分けにくい色をしています。まわりの色と見分けにくい体の色は、てきから身をかくすのに役立ちます。身をかくすのに役立つ色のことをほご色といいます。

① セミやバッタを見うしなったのは、どこですか。

セミ（　　　）

バッタ（　　　）

② セミやバッタを見うしなうのは、なぜですか。

（　　　）

③ ②は、どんなことに役立ちますか。

（　　　）

④ 「ほご色」とは、どんな色のことですか。

（　　　）色のこと。

名前

月　日

こん虫は、ほご色によって、どのようにてきから身をかくしているのでしょうか。
たとえば、コノハチョウの羽は、表(おもて)はあざやかな青とオレンジ色ですが、うらは、かれ葉(は)のような色をしています。それに、羽をとじたときの形も木の葉そっくりです。そのため、木のえだにとまっていると、えだにのこったかれ葉と見分けがつきません。

(矢島 稔『新しい国語 三上』東京書籍)

⑤ コノハチョウの羽の表は、どんな色をしていますか。

(　　　)と(　　　)

⑥ コノハチョウの羽のうらは、どんな色をしていますか。

(　　　色)

⑦ コノハチョウが羽をとじたときの形は、どんなふうになっていますか。

(　　　)

⑧ コノハチョウが木のえだにとまっていると、何と見分けがつかないのですか。

(　　　)

説明文　自然のかくし絵　②

名前

月　日

次の文章を読んで、後の問いに答えましょう。

　こん虫をかんさつしてみると、一日のうちのきまった時間だけ活動し、ほかの時間はじっと休んでいます。多くのこん虫は、この長い時間休む場所の色に、にた色をしています。じっとしているかぎり、ほご色は、身をかくすのに役立ちます。

　［　　］、こん虫が自分の体の色と同じような色をした所にいたとしても、

① こん虫をかんさつしてみて、どんなことがわかりましたか。

決まった時間だけ［　　　］し、ほかの時間は［　　　　　　］いる。

② 多くのこん虫は、どんな場所の色に、にた色をしていますか。

［　　　　　　］場所の色

③ ほご色が役に立つのは、どんなときですか。

（　　　　　　　　）。

④ ［　　］にあうことばを一つえらんで、○をつけましょう。

動(うご)いたときなどには、鳥やトカゲに食べられてしまうことがあります。鳥やトカゲなどは、ちょっとした動作を見のがさない、するどい目を持(も)っているからです。

このように、ほご色は、どんな場合でも役立つとはかぎりませんが、てきにかこまれながらこん虫が生きつづけるのに、ずいぶん役立っているのです。ほご色は、自然のかくし絵だということができるでしょう。

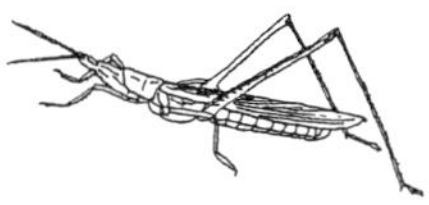

（矢島 稔『新しい国語 三上』東京書籍）

（　）だから
（　）ところが
（　）しかも

⑤ ほご色でも、どんなとき、だれに食べられますか。

（　　　　）などには、（　　　　）に食べられてしまうことがある。

⑥ 持っているとは、何のことですか。

（　　　　）を見のがさない、（　　　　）。

⑦ ほご色とは何ということができますか。

説明文　ミラクル　ミルク

名前

月　日

次の文章を読んで、後の問いに答えましょう。

まず、一つめのミラクル※は、ヨーグルトへの変身です。動物のミルクを利用しはじめたのは、今のエジプトの近くにすむ人たちです。(あ)この地方では、暑いときには日中の気温が五十度近くにもなります。(い)ここにミルクをおきっぱなしにすると、いろいろな菌が空気中からとびこんできて、どんどんふえていきます。(う)この

① 一つめのミラクルは、何ですか。

（　　　　　　）

② (あ)この地方とは、どこですか。

（　　　　　　）

③ (い)ここ とは、どこですか。

（　　　　　　）ところ

④ (う)このときとは、いつですか。

（　　　　　　）が

（　　　　　　）とびこんでくるとき。

とき、ミルクの中に、にゅうさん菌という菌が入ると、ミルクは変身（へんしん）をはじめます。それまで、水のようにさらっとしていたミルクが、だんだんどろっとしてきます。食べてみると、少しすっぱいあじになります。これが「ヨーグルト」です。ヨーグルトは、人間がミルクから作り出したさいしょの食（た）べ物（もの）だといわれています。多くは、牛のミルクから作りますが、国によってらくだややぎのミルクからも作ります。

※ミラクル…ふしぎなこと

（中西 敏夫『みんなと学ぶ　小学校国語　三年上』学校図書）

⑤ 次の□にあうことばを書きましょう。

□□□□□菌が入ると、ミルクは□□をはじめる。

⑥ ⑤は、どうなることですか。

（　　　）ミルクが、（　　　）。

⑦ ⑥は、どんなあじですか。

（　　　）

⑧ ⑥でできたのは、何ですか。

（　　　）

⑨ ⑧は、どんな食べ物だといわれていますか。

（　　　）

説明文　合図としるし

名前

月　日

次の文章を読んで、後の問いに答えましょう。

　げんかんのチャイムが鳴ると、だれかがたずねてきたことが分かります。また、消防車や救急車、パトロールカーなどは、それぞれちがった音のサイレンを鳴らしながら走ります。

　これらは、決まった音を使って、人がたずねてきたことや火事や事故などで急いでいる車が走っていることをわたしたちに知らせてくれます。音には、はなれたところにいる人に、目に見えないことをつたえるというよさがあります。

① 次の音で、何がわかりますか。

・げんかんのチャイム

（　　　　　　　　　　）こと。

・消防車や救急車、パトロールカーなどの音のサイレン

（　　　　　　　　　　）こと。

② 音を使った合図のよさは、何ですか。

（　　　　　　　　　　）よさ。

交差点にある信号機は、青や黄や赤の色で、それぞれ「すすめ」「注意」「止まれ」という合図を出します。また、運動会のリレーでは、組ごとにはちまきやバトンの色をかえて、おたがいの目じるしにします。学校図書館などでは、童話の本には赤、科学の本には青、などとやくそくを決めて、色のシールをはって目じるしにすることもあります。

　これらは、色で区別することで、意味や、組み分けやなかま分けがあることをわたしたちに知らせてくれます。色を使った合図やしるしには、見てすぐ分かるというよさがあります。

（『みんなと学ぶ　小学校国語　三年上』学校図書）

③ 信号機の次の色は、それぞれどんな合図を出しますか。

青…（　　　　）　黄…（　　　　）

赤…（　　　　）

④ 運動会のリレーで、組ごとにはちまきやバトンの色をかえるのは、なぜですか。

（　　　　）ため。

⑤ 色を区別することは、わたしたちに何を知らせてくれますか。

（　　　　）を知らせてくれる。

⑥ 色を使った合図やしるしのよさは、何ですか。

（　　　　）よさ。

説明文　めだか ①

名前

月　　日

次の文章を読んで、後の問いに答えましょう。

1 めだかは、のんびり楽しそうに泳いでいるようですが、いつも、たくさんのてきにねらわれています。「たがめ」や「げんごろう」、「やご」や「みずかまきり」などの、水の中にいるこん虫は、ア とくにこわいてきです。大きな魚や「ざりがに」にもおそわれます。

2 では、めだかは、そのようなてきから、どのようにして身を守っているのでしょうか。

3 第一に、めだかは、小川や池の水面近くでくらして、身を守ります。水面近くには、やごやみずかまきりなど

① めだかのアとは、何ですか。

（　　）（　　）（　　）（　　）などの、（どこ）にいる（何）。

② めだかが、水面近くでくらしているのは、なぜですか。

（　　）から

③ めだかが、すばやく泳ぐのは、なぜですか。

（　　）

④ めだかが、小川や池のそこにもぐっていって、水をにごらせるのは、なぜですか。

の、てきがあまりいないからです。
4 第二に、めだかは、すいっ、すいっとすばやく泳いで、身を守ります。近づいてきたてきから、さっとにげることができるからです。
5 第三に、めだかは、小川や池のそこにもぐっていって、水をにごらせ、身を守ります。近づいてきたてきに見つからないようにかくれることができるからです。
6 第四に、めだかは、何十ぴきも集まって泳ぐことによって、身を守ります。てきを見つけためだかが、きけんがせまっていることを仲間に知らせると、みんなはいっせいにちらばり、てきが目うつりしている間に、にげることができるからです。

（杉浦 宏『ひろがる言葉 小学国語 三上』教育出版）

⑤ 6について答えましょう。

㋐ めだかは、どのように泳ぎますか。

㋑ きけんを知ると、みんながいっせいにちらばるのは、なぜですか。

⑥ この文章の問いと答えは、どの段落に書かれていますか。段落の番号を書きましょう。

問い…□　答え…□から□まで

⑦ この文章は、何について書かれていますか。

めだかの□方。

説明文　めだか ②

名前

月　日

次の文章を読んで、後の問いに答えましょう。

1 めだかの体は、自然のきびしさにもたえられるようになっているのです。

2 夏の間、何日も雨がふらないと、小川や池の水がどんどん少なくなり、「ふな」や「こい」などは、次々に死んでしまいます。［ア］、めだかは、体が小さいので、わずかにのこされた水たまりでもだいじょうぶです。

3 ［イ］、小さな水たまりでは、水温がどんどん上がりますが、めだかは、四十度近くまでは、水温が上がっても

① めだかの体は、どのようになっていますか。

（　　　　　　　　）ようになっている。

② ［ア］、［イ］、［ウ］にあうことばを［　］からえらんで書きましょう。

［一方　でも　だから　また］

ア［　　］

イ［　　］

ウ［　　］

③ 夏の間、何日も雨がふらないと、小川や川は、どうなりますか。

（　　　　　　　　）

④ ③のときに、めだかがだいじょうぶなのは、なぜですか。

たえられます。
4 ［ウ］、雨がたくさんふって、きけんがせまることもあります。大雨になると、小川や池の水があふれ、めだかは大きな川におし流（なが）されてしまいます。大きな川から海に流されてしまうこともあります。ふつう、まみずでくらす魚は、海水では生きることができませんし、海にすむ魚は、まみずの中では死んでしまいます。しかし、めだかの体は、まみずに海水のまざる川口（かわぐち）の近くでもたえられるようにできています。海に流されためだかは、やがて、みちしおに乗（の）って、川にもどることもあります。

（杉浦 宏『ひろがる言葉 小学国語 三上』教育出版）

⑤ めだかは、水温がどのくらいになっても、たえられるのですか。

（　　　　）まで

（　　　　）

⑥ 大雨になると、めだかは、小川や池から、どこへ流れますか。

（　　　　）

⑦ 「ふつう」、まみずでくらす魚と、海にすむ魚はどうちがいますか。

まみずでくらす魚（　　　　）

海にすむ魚（　　　　）

⑧ 4 にせつ明（めい）されているめだかの体について、どこでたえられるとありますか。

（　　　　）

説明文　ほしたらどうなる ①

名前

月　日

次の文章を読んで、後の問いに答えましょう。

では、わたしたちは、何のために食べ物をほしてから食べるのでしょうか。

ほすことの目的の一つめは、そのままでは食べられないものを食べられるようにすることです。ほしがきは、しぶがきをほして作ります。しぶがきは、そのままではしぶくて食べられません。しかし、ほすことで、しぶ味がぬけてあまくなり、食べられるようになるのです。

ほすことの目的の二つめは、食品を長もちさせることです。生の食べ物をそのままおいておくと、カビなどの目に見え

① ほすことの目的の一つめは、何ですか。

（　　　　　　　　）

② ①のれいにあげられているものは、何ですか。

（　　　　　　　　）

③ ②が食べられるようになるのは、なぜですか。

（　　　　　　　　）

④ ほすことの目的の二つめは、何ですか。

（　　　　　　　　）

⑤ 生の食べものをそのままおいておくと、どうなりますか。

（　　　　　　　　）

ない小さな生き物がくっつき、それらがふえて、くさってしまいます。これは食べ物に水分がふくまれているため、カビなどがふえやすいじょうたいになっているからです。そこで、ほすことによって水分を少なくし、くさりにくく、長もちするようにしているのです。

今ではほとんどの家に冷(れい)ぞう庫(こ)や冷とう庫がありますが、少し前の日本には、それらがありませんでした。一度(いちど)にたくさんの魚がとれる場合や、野菜(やさい)のとれる時期(じき)がかぎられている場合はどうなるでしょう。食べきれない分はくさってしまい、むだになってしまいます。そこで、食べ物をそまつにせず、少しでも長い間食べるために、ほすことがひつようだったのです。

（森枝 卓士『みんなと学ぶ 小学校国語 三年上』学校図書）

⑥ 小さな生き物がくっつき、ふえて、⑤のようになるのは、なぜですか。

（　　　　　　　　）

⑦ ほすことによって、どうしているのですか。

（　　　　）し、（　　　　）している。

⑧ それらとは、何ですか。

（　　　　）

⑨ ⑧がないと、魚や野菜はどうなりますか。

（　　　　　　　　）

⑩ ほすことがひつようだったのは、なぜですか。

（　　　　）、少しでも（　　　　）ため。

説明文　ほしたらどうなる ②

名前

月　日

次の文章を読んで、後の問いに答えましょう。

　日本にあるほしたものの中で、とくに世界にじまんのできる長もちして味のよいものがあります。かつおぶしです。かつおぶしを作るには、まず、かつおの身だけを取り出し、それをにた後にいぶします。そして、ほすことと人間が食べることのできるカビをつけることをくり返し、できあがります。カビの力を使うことで、ほしただけでは取り切れないくらいの水分がぬけ、かつおぶしは木のようにかたくなり、くさりにくくなります。
　かつおぶしのすばらしさは、くさりに

① かつおぶしは、どんなものですか。

（　　　　　　もの。）

② カビの力とは、何ですか。

（　　　　　　）

③ ②で、かつおぶしは、どのようになりますか。

（　　　　　　）

④ うすくけずったかつおぶしの味は、どんな味ですか。

（　　　　　　）

くいだけではありません。うすくけずったかつおぶしを、もとのかつおと食べくらべてみてください。うまみがぎゅっとつまった、とくべつな味がするでしょう。かつおぶしは、おいしいだしを作るためには、かかせないものであることから、日本の和食をささえているとも言えます。
　わたしたちの身近にある、ほしたもの。それは自然のめぐみと昔の人のくふうのけっしょうです。肉や魚、野菜などのそざい。太陽の光と風。そして人の手とちえ。食べ物を大切にし、長もちさせるためのくふうだったほすことに、そざいをおいしくするためのくふうがくわわって、わたしたちは、一年を通しておいしいものが食べられるのです。

（森枝 卓士『みんなと学ぶ　小学校国語　三年上』学校図書）

⑤ かつおぶしが、和食をささえているとも言えるのは、なぜですか。

（　　　　　　　　）

⑥ 自然のめぐみとは、何ですか。

（　　　　）（　　　　）のそざい

⑦ 昔の人のくふうのけっしょうとは、どういうことですか。

食べ物を大切にし、（　　　　）ほすことに、（　　　　）くわわっていること。

説明文　すがたをかえる大豆 ①

名前

月　日

次の文章を読んで、後の問いに答えましょう。

かたい大豆は、そのままでは食べにくく、消化もよくありません。そのため、昔からいろいろ手をくわえて、おいしく食べるくふうをしてきました。

いちばん分かりやすいのは、大豆をその形のままいったり、にたりして、やわらかく、おいしくするくふうです。いると、豆まきに使う豆になります。水につけてやわらかくしてからにると、に豆になります。正月のおせちりょうりに使われる黒豆も、に豆の一つです。に豆には、

① かたい大豆は、どんな食べ物ですか。

（　　　　）く、（　　　　）

② ①のため、昔からどんなことをしてきましたか。

（　　　　）

③ いちばん分かりやすいのは、どうすることですか。

（　　　　）やわらかく、おいしくするくふう。

黒、茶、白など、いろいろな色の大豆が使われます。

次に、こなにひいて食べるくふうがあります。もちやだんごにかけるきなこは、大豆をいって、こなにひいたものです。

また、大豆にふくまれる大切なえいようだけを取り出して、ちがう食品にするくふうもあります。大豆を一ばん水にひたし、なめらかになるまですりつぶします。これに水をくわえて、かきまぜながら熱します。その後、ぬのを使って中身をしぼり出します。しぼり出したしるににがりというものをくわえると、かたまって、とうふになります。

（国分 牧衛『国語三下 あおぞら』光村図書）

④ 大豆をいると、何になりますか。

（　　　　）

⑤ に豆は、どのようにして作りますか。

（大豆を　　　　）

⑥ 大豆をこなにしたものは何ですか。

（　　　　）

⑦ 大豆にふくまれる大切なえいようだけを取り出して、ちがう食品にしたものに、何がありますか。

（　　　　）

⑧ ⑦を作るときには、しぼり出したしるに何をくわえると、かたまりますか。

（　　　　）

月　日　名前

説明文　すがたをかえる大豆②

次の文章を読んで、後の問いに答えましょう。

目に見えない小さな生物の力をかりて、ちがう食品にするくふうもあります。ナットウキンの力をかりたのが、なっとうです。むした大豆にナットウキンをくわえ、あたたかい場所に一日近くおいて作ります。コウジカビの力をかりたものが、みそやしょうゆです。みそを作るには、まず、むした米か麦にコウジカビをまぜたものを用意します。それと、しおを、にてつぶした大豆にくわえてまぜ合わせます。ふたをして、風通しのよい暗い所に半年から一年の間おいておくと、大豆はみそになります。しょうゆも、よくにた作り方をします。

① 大豆をちがう食品にするために、何の力をかりますか。

（　　　　　）の力

② 次のものを作るときにかりる①の名前を書きましょう。

なっとう…（　　　　　）

みそやしょうゆ…（　　　　　）

③ なっとうには、どんな大豆を使いますか。

（　　　　　）

④ みそのざいりょうをまぜ合わせた後、どこに、どのくらいおいておくと、みそになりますか。

どこに（　　　　　）

どのくらい（　　　　　）

　これらの他に、とり入れる時期や育て方をくふうした食べ方もあります。ダイズを、まだわかくてやわらかいうちにとり入れ、さやごとゆでて食べるのが、えだ豆です。また、ダイズのたねを、日光に当てずに水だけをやって育てると、もやしができます。

　このように、大豆はいろいろなすがたで食べられています。他の作物にくらべて、こんなに多くの食べ方がくふうされてきたのは、大豆が味もよく、畑の肉といわれるくらいたくさんのえいようをふくんでいるからです。そのうえ、やせた土地にも強く、育てやすいことから、多くのちいきで植えられたためでもあります。大豆のよいところに気づき、食事に取り入れてきた昔の人々のちえにおどろかされます。

（国分 牧衛『国語三下 あおぞら』光村図書）

⑤ とり入れる時期をくふうしたダイズは、何ですか。

（　　　　　）

⑥ 育て方をくふうしたダイズは、何ですか。

（　　　　　）

⑦ ⑥はどうしてつくりますか。

（ダイズの　　　　　）育てる。

⑧ 大豆に、くふうされた多くの食べ方があるのは、なぜですか。

大豆は味もよく、たくさんの（　　　　　）をふくんでいるし、やせた（　　　　　）から、多くの（　　　　　）ため。

⑨ 筆者がおどろいていることは、何ですか。

説明文　ありの行列 ①

名前

月　日

次の文章を読んで、後の問いに答えましょう。

アメリカに、ウイルソンという学者がいます。アこの人は、次のような実験をして、ありの様子をかんさつしました。

はじめに、ありの巣から少しはなれた所に、ひとつまみのさとうをおきました。しばらくすると一ぴきのありが、そのさとうを見つけました。イこれは、えさ

① アこの人とは、だれですか。

（　　　　　）

② 実験で何をかんさつしましたか。

（　　　　　）

③ イこれは、何をさしますか。

（　　　　　あり）

④ ウはたらきありとは、どんなありですか。

（　　　　　あり）

⑤ あ と い に入ることばを □ からえらんで、書きましょう。

をさがすために、外に出ていたはたらきありです。（ウ）ありは、［あ］、巣に帰っていきました。［い］、巣の中から、たくさんのはたらきありが、次々と出てきました。そして、列を作って、さとうの所まで行きました。ふしぎなことに、その行列は、はじめのありが巣に帰るときに通った道すじから、外れていないのです。

（大滝 哲也『国語三下 あおぞら』光村図書）

あ［　　］　い［　　］

すると　しかし　やがて

⑥ ふしぎなこととは、どんなことですか。

（　　　　　　　　　　）

⑦ ありの様子をかんさつした順に、番号を書きましょう。

（　）巣の中から、たくさんのはたらきありが出てきた。

（1）一ぴきのはたらきありが、さとうを見つけた。

（　）ありは、列を作って、さとうの所まで行った。

（　）一ぴきのはたらきありは、巣に帰っていった。

説明文　ありの行列　②

名前　　　　　　月　　日

次の文章を読んで、後の問いに答えましょう。

1 ウイルソンは、はたらきありの体の仕組みを、細かに研究してみました。すると、ありは、おしりのところから、とくべつのえきを出すことが分かりました。アそれは、においのある、じょうはつしやすいえきです。

2 イこの研究から、ウイルソンは、ありの行列のできるわけを知ることができました。

① ウイルソンは何を研究しましたか。

（　　　　　　　　）

② どんなことが分かりましたか。

ありは、（　　　　）から、

（　　　　　　　　）ことが分かった。

③ アそれは、どんなえきですか。

（　　　　　　）えき

④ イこの研究から、ウイルソンは何を知ることができましたか。

（　　　　　　　　）

3 はたらきありは、えさを見つけると、道しるべとして、地面（じめん）にこのえきをつけながら帰るのです。他（ほか）のはたらきありたちは、そのにおいをかいで、においにそって歩いていきます。そして、そのはたらきありたちも、えさを持（も）って帰るときに、同じように、えきを地面につけながら歩くのです。［　　］、えさが多いほど、においが強くなります。

4 ウ<u>このように</u>、においをたどって、えさの所へ行ったり、巣（す）に帰ったりするので、ありの行列ができるというわけです。

（大滝 哲也『国語三下 あおぞら』光村図書）

⑤ はたらきありが、地面にえきをつけながら帰るのは、なぜですか。

（　　　　　　　　）とするため

⑥ ［　　］にあうことばをえらんで、○をつけましょう。

（　）そのため
（　）しかし
（　）ところで

⑦ ウ<u>このようには</u>、1から3のどのまとまりをさしていますか。

［　　］のまとまり

⑧ なぜ、ありの行列ができるのですか。

に　、　、　巣　から。

説明文　人をつつむ形

名前

月　日

次の文章を読んで、後の問いに答えましょう。

大草原の白い家――モンゴル

見わたすかぎりの草原に点々と白いものがあります。近づくと、それは何かをつつんだような形をしているのが分かります。羊や馬を放牧してくらす人々の家、ゲルです。

ゲルは、移動できる組み立て式の家で、水を手に入れやすく、羊や馬が食べる草が生える所にたてられます。家のほね組みは木でできていて、そのほね組みをフェルトでおおうと、すぐに家を組み立てることができます。

フェルトは羊の毛でできているため、きびしい冬の寒さをしのぐことができます。

① 草原に点々とある白いものは、どんな形をしていますか。

（　　　　）形

② ①は、何ですか。

（　　　　）

③ ②の名前は、何ですか。

（　　　　）

④ ③は、どんなところにたてられますか。

（　　　　）、（　　　　）所。

⑤ ③は、どうやって作りますか。

（　　　　）でできたほね組みを（　　　　）でできた（　　　　）でおおう。

屋根がさかさま――セネガル

エルバリン村は、大きな川が海に注ぐ所の近くにあります。人々は、田で米を作ったり、川で魚や貝をとったりして生活しています。

この村の中心にある家の屋根は、じょうごのような形をしています。井戸をほってもしおからい水しか出ないため、屋根で雨水を家の中に取りこんで、飲み水として利用するのです。

この家の屋根は、米をしゅうかくした後にできるわらで作られ、近くにたくさん生えているマングローブのみきでささえられています。

（小松 義夫『新しい国語 三下』東京書籍）

⑥ エルバリン村の中心にある家の屋根は、どんな形をしていますか。

（　　　　）形

⑦ なぜ、そんな形の屋根なのですか。

屋根で（　　　　）、（　　　　）ため。

⑧ エルバリン村は、井戸をほっても、しおからい水しか出ないのは、なぜですか。

（　　　　）

⑨ 屋根は、何で作られていますか。

（　　　　）

⑩ 屋根をささえているのは、何ですか。

（　　　　）

俳句

名前

月　日

1 次の（　）にあてはまる漢数字やことばを書きましょう。

① 俳句は、ふつう（　）・（　）・（　）の（　）音からできています。

② 俳句には、きせつを表すことば――（　）を入れて作るという決まりがあります。

2 次の俳句を読んで、問いに答えましょう。

① 雪とけて村いっぱいの子どもかな　小林　一茶
② ひっぱれる糸まっすぐや甲虫　高野　素十
③ 赤とんぼ筑波に雲もなかりけり　正岡　子規
④ スケートのひもむすぶ間もはやりつつ　山口　誓子
⑤ 山路来て何やらゆかしすみれ草　松尾　芭蕉
⑥ さみだれや大河を前に家二軒　与謝　蕪村

(1) 次の俳句の季語ときせつを書きましょう。（⑥をれいにして）

番号	季語	きせつ
①		
②		
③		
④		
⑤		
⑥	さみだれ	夏

(2) 次の文はどの俳句について書かれたものでしょうか。□に番号を書きましょう。

ア あまり人の通らない山道でふと見つけたすみれの花。なんとも言えずかわいらしい。 □

イ 雪がとけて、たくさんの子どもたちが待ちかねたように、いっせいに村中で遊び回っている。 □

ウ 赤とんぼが飛んでいる空は、まっ青にすみきっている。遠くに筑波山が見える。 □

エ スケートぐつのひもをむすんでいる間も心がいそぐ。早くすべりたい。 □

オ 雨がふりつづいて、川の水かさがふえた。はげしく流れる大きな川の岸に、不安そうな二けんの家がある。 □

カ 糸でくくりつけられたカブトムシがにげようとして、糸がぴんとはっている。 □

ことわざ

名前

月　日

1 次のことわざの意味と同じ意味のことわざを、[ ]からえらんで書きましょう。

① さるも木から落ちる

② 馬の耳にねんぶつ

③ 石橋をたたいてわたる

④ あぶはち取らず

ねこに小ばん　二とを追う者は一とをもえず　ぶたに真じゅ
ねんにはねんを入れる　かっぱの川流れ　弘法にも筆のあやまり

② 次のことわざの意味にあうものを［　］からえらんで、記号(きごう)を書きましょう。

① ちりもつもれば山となる　（　）

② 百聞(ひゃくぶん)は一見(いっけん)にしかず　（　）

③ さばを読む　（　）

④ 三人よれば文(もん)じゅの知え　（　）

⑤ 千里の道も一歩から　（　）

⑥ 泣(な)き面(つら)にはち　（　）

⑦ 七転(ななころ)び八起(やお)き　（　）

㋐ どんなに大きな計画や事業(じぎょう)でも、地道な一つ一つの作業(さぎょう)から始(はじ)まるということ。

㋑ 自分の都合(つごう)のいいように、数をごまかして数えること。

㋒ 何度(なんど)失敗(しっぱい)しても、くじけずにがんばること。

㋓ 何度も人の話を聞くよりも、自分の目で一度見るほうがずっとたしかであること。

㋔ とても小さなものでも、つもりつもれば、山のように大きなものになること。

㋕ どんな問題(もんだい)でも、三人集(あつ)まって考えれば、よい考えがわいてくるものだということ。

㋖ つらいことや苦(くる)しいことがあるのに、さらに悪(わる)いことが起(お)こること。

ローマ字①

名前

月 日

③ 次のことばをローマ字で書きましょう。

① えほん　② くすり　③ せかい

④ とんぼ　⑤ ぬりえ　⑥ はなび

⑦ パンダ　⑧ みどり　⑨ ゆきぐに

⑩ わかめ　⑪ りんご　⑫ だいこん

④ 次のことばをローマ字で書きましょう。

① ひこうき　② ふうせん　③ ゆうれい

④ おかあさん　⑤ おねえさん　⑥ そうじ

「＾」は、のばす音を表（あらわ）す「a、i、u、e、o」の上に書きます。

1 次(つぎ)のローマ字の読み方をひらがなで書きましょう。

① ari
(　　　　)

② sakana
(　　　　)

③ nanohana
(　　　　)

④ kumo
(　　　　)

⑤ takenoko
(　　　　)

⑥ husigi
(　　　　)

⑦ megane
(　　　　)

⑧ yasai
(　　　　)

⑨ renkon
(　　　　)

⑩ wasabi
(　　　　)

⑪ genki
(　　　　)

⑫ banana
(　　　　)

2 次のローマ字の読み方を、ひらがなで書きましょう。

① kôtei
(　　　　)

② hôsenka
(　　　　)

③ yôkan
(　　　　)

④ tôdai
(　　　　)

⑤ sansû
(　　　　)

⑥ bôken
(　　　　)

ローマ字表記(ひょうき)は、アルファベットを使(つか)った日本語の書き方です。
ここでは、国語の授業(じゅぎょう)で習(なら)うつづり方（訓令式(くんれいしき)）で書いてみましょう。

ローマ字②

名前

月　日

③ 次のことばをローマ字で書きましょう。

① でんしゃ　② おもちゃ　③ りょかん

④ きゅうり　⑤ しょうねん　⑥ ちゅうしゃ

⑦ かっぱ　⑧ きっぷ　⑨ にっき

⑩ がっこう　⑪ バッタ　⑫ しゃっくり

④ 次のことばをローマ字で書きましょう。

① きんえん　② ふんいき　③ まんいん

④ じゅんい　⑤ こんや　⑥ パンや

「'」は、はねる音「ん（n）」の後に
a・i・u・e・oやyが来るときつけます。

1 次のローマ字の読み方をひらがなで書きましょう。

① kingyo
(　　　　)

② tosyositu
(　　　　)

③ tyawan
(　　　　)

④ syûzi
(　　　　)

⑤ kyûkyûsya
(　　　　)

⑥ gyûnyû
(　　　　)

⑦ kitte
(　　　　)

⑧ nekko
(　　　　)

⑨ sippo
(　　　　)

⑩ takkyû
(　　　　)

⑪ gakki
(　　　　)

⑫ bikkuri
(　　　　)

2 次のローマ字の読み方をひらがなで書きましょう。

① kin' iro
(　　　　)

② sen' en
(　　　　)

③ ten' in
(　　　　)

④ hon' ya
(　　　　)

⑤ sin' yû
(　　　　)

⑥ kin' yôbi
(　　　　)

ローマ字表記は、アルファベットを使った日本語の書き方です。
ここでは、国語の授業で習うつづり方（訓令式）で書いてみましょう。

ローマ字③

名前

月　日

ローマ字には、訓令式（くんれいしき）と少しちがう書き方のヘボン式があります。

	訓令式	ヘボン式		訓令式	ヘボン式		訓令式	ヘボン式
し	si	shi	ち	ti	chi	じ(ぢ)	zi	ji
しゃ	sya	sha	ちゃ	tya	cha	じゃ(ぢゃ)	zya	ja
しゅ	syu	shu	ちゅ	tyu	chu	じゅ(ぢゅ)	zyu	ju
しょ	syo	sho	ちょ	tyo	cho	じょ(ぢょ)	zyo	jo
つ	tu	tsu	ふ	hu	fu	を	o	o (wo)

3 表（ひょう）を見て、読み方をひらがなで書きましょう。

① shashin
（　　　）

② shôbôsha
（　　　）

③ tsuki
（　　　）

④ michi
（　　　）

⑤ ryokucha
（　　　）

⑥ jagaimo
（　　　）

⑦ Kotoshi no natsu wa atsui.
（　　　）

⑧ Ojisan ni omocha o moraimashita.
（　　　）

⑨ Chûrippu ni chôcho ga chikazuita.
（　　　）

ローマ字で地名や人名を書くときは、はじめの１文字を大文字で書きます。

① れいのように、地名・名前をローマ字で書きましょう。

〈れい〉　なら　Nara

① ほっかいどう

② とうきょう

③ ひろしま

④ おきなわ

⑤ びわこ

⑥ しなのがわ

② れいのように、人名をローマ字で書きましょう。

〈れい〉　さか本りょうま　Sakamoto-Ryôma

① 夏目そう石（せき）

② ひ口一葉（ぐちいちよう）

がんばったね!

学力の基礎をきたえどの子も伸ばす研究会

HPアドレス　http://gakuryoku.info/

常任委員長　岸本ひとみ
事務局　〒675-0032 加古川市加古川町備後 178−1−2−102 岸本ひとみ方 ☎・Fax 079−425−8781

① めざすもの

私たちは、すべての子どもたちが、日本国憲法と子どもの権利条約の精神に基づき、確かな学力の形成を通して豊かな人格の発達が保障され、民主平和の日本の主権者として成長することを願っています。しかし、発達の基盤ともいうべき学力の基礎を鍛えられないまま落ちこぼれている子どもたちが普遍化し、「荒れ」の情況があちこちで出てきています。

私たちは、「見える学力、見えない学力」を共に養うこと、すなわち、基礎の学習をやり遂げさせることと、読書やいろいろな体験を積むことを通して、子どもたちが「自信と誇りとやる気」を持てるようになると考えています。

私たちは、人格の発達が歪められている情況の中で、それを克服し、子どもたちが豊かに成長するような実践に挑戦します。

そのために、つぎのような研究と活動を進めていきます。

① 「読み・書き・計算」を基軸とした学力の基礎をきたえる実践の創造と普及。
② 豊かで確かな学力づくりと子どもを励ます指導と評価の探究。
③ 特別な力量や経験がなくても、その気になれば「いつでも・どこでも・だれでも」ができる実践の普及。
④ 子どもの発達を軸とした父母・国民・他の民間教育団体との協力、共同。

私たちの実践が、大多数の教職員や父母・国民の方々に支持され、大きな教育運動になるよう地道な努力を継続していきます。

② 会　　員

- 本会の「めざすもの」を認め、会費を納入する人は、会員になることができる。
- 会費は、年 4000 円とし、7 月末までに納入すること。①または②

①郵便振替　口座番号　００９２０−９−３１９７６９
　名　　称　学力の基礎をきたえどの子も伸ばす研究会

②ゆうちょ銀行
　店番０９９　店名〇九九店（ゼロキュウキュウ）　当座０３１９７６９

- 特典　研究会をする場合、講師派遣の補助を受けることができる。
  大会参加費の割引を受けることができる。
  学力研ニュース、研究会などの案内を無料で送付してもらうことができる。
  自分の実践を学力研ニュースなどに発表することができる。
  研究の部会を作り、会場費などの補助を受けることができる。
  地域サークルを作り、会場費の補助を受けることができる。

③ 活　　動

全国家庭塾連絡会と協力して以下の活動を行う。

- 全 国 大 会　全国の研究、実践の交流、深化をはかる場とし、年１回開催する。通常、夏に行う。
- 地域別集会　地域の研究、実践の交流、深化をはかる場とし、年１回開催する。
- 合宿研究会　研究、実践をさらに深化するために行う。
- 地域サークル　日常の研究、実践の交流、深化の場であり、本会の基本活動である。
  可能な限り月１回の月例会を行う。会場費の補助を受けることができる。
- 全国キャラバン　地域の要請に基づいて講師派遣をする。

全 国 家 庭 塾 連 絡 会

① めざすもの

私たちは、日本国憲法と子どもの権利条約の精神に基づき、すべての子どもたちが確かな学力と豊かな人格を身につけて、わが国の主権者として成長することを願っています。しかし、わが子も含めて、能力があるにもかかわらず、必要な学力が身につかないままになっている子どもたちがたくさんいることに心を痛めています。

私たちは学力研が追究している教育活動に学びながら、「全国家庭塾連絡会」を結成しました。

この会は、わが子に家庭学習の習慣化を促すことを主な活動内容とする家庭塾運動の交流と普及を目的としています。

私たちの試みが、多くの父母や教職員、市民の方々に支持され、地域に根ざした大きな運動になるよう学力研と連携しながら努力を継続していきます。

② 会　　員

本会の「めざすもの」を認め、会費を納入する人は会員になれる。
会費は年額 1000 円とし（団体加入は年額 2000 円）、8 月末までに納入する。
会員は会報や連絡交流会の案内、学力研集会の情報などをもらえる。

事務局　〒564-0041　大阪府吹田市泉町 4 −29−13　影浦邦子方　☎・Fax 06−6380−0420
郵便振替　口座番号　００９００−１−１０９９６９　　名称　全国家庭塾連絡会

国語習熟プリント　小学３年生

2020年８月30日　発行

著　者　細川　元子

編　集　金井　敬之

発行者　面屋　　洋

企　画　フォーラム・A

発行所　清風堂書店

〒530-0057　大阪市北区曽根崎２-11-16

TEL 06-6316-1460／FAX 06-6365-5607

http://seifudo.co.jp

制作編集担当　藤原　幸祐　☆☆　0123

表紙デザイン　ウエナカデザイン事務所

印　刷　株式会社関西共同印刷所

製　本　株式会社髙廣製本

日本音楽著作権協会（出）許諾第2005688－001

※乱丁・落丁本は、お取り替えいたします。

国語3年生 習熟プリント

答え

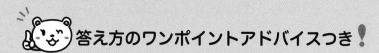

答え方のワンポイントアドバイスつき！

かたかな

名前　　月　　日

1 □のことばを、次の①〜④に分けて、かたかなで書きましょう。

① 外国の国や土地の名前（ブラジル）（フランス）

② 外国の人の名前（エジソン）（ファーブル）

③ 外国からきたことば（チョコレート）（ヘリコプター）

④ もの音や動物の鳴き声（ピヨピヨ）（ガタガタ）

えじそん　ぶらじる　ぴよぴよ　ちょこれえと　がたがた　ふらんす　ふぁあぶる　へりこぷたあ

2 ひらがなのことばを、かたかなに直して書きましょう。

① トラック（とらっく）がスピード（すぴいど）を落とした。

② ジュース（じゅうす）とソフトクリーム（そふとくりいむ）を買う。

③ スカート（すかあと）にアイロン（あいろん）をかける。

3 次の文から、かたかなで書くことばを四つさがして、かたかなで書きましょう。

日曜日は、雨がざあざあふっていたので、わたしは、妹ととらんぷをしてあそびました。おやつに、ほっとけえきを作って食べました。少しこげましたが、おいしかったです。夕方、雨がやんだので、外に出て、ばどみんとんをしました。

（ザーザー）（トランプ）（ホットケーキ）（バドミントン）

かなづかい ①

名前　　月　　日

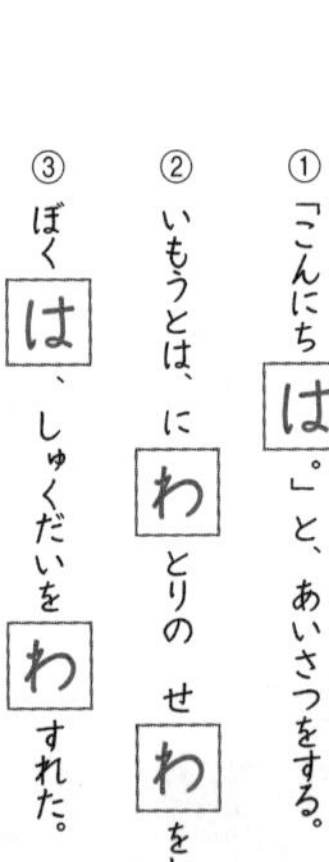

1 □の中に、「わ」か「は」を書きましょう。

① 「こんにちは。」と、あいさつをする。

② いもうとは、にわとりのせわをしている。

③ ぼくは、しゅくだいをわすれた。

④ このどうわは、こわかった。

⑤ わにはかわにすんでいる。

2 □の中に、「お」か「を」を書きましょう。

① おには、そと。ふくは、うち。

② おとうとが、かおをあらう。

③ わたしは、おちばをひろった。

「を」は、ことばとことばをつなぐときに使います。

3 □の中に、「え」か「へ」を書きましょう。

① 友だちといっしょにかえる。

② 駅へ、おじさんをむかえに行く。

③ えんそくで、どうぶつえんへ行った。

「へ」も、ことばとことばをつなぐときに使います。

かなづかい ②

名前　　月　日

● かなづかいの正しいほうに、○をつけましょう。

① {(○)おおかみ／( )おうかみ} が、{(○)赤ずきん／( )赤づきん} の女の子をねらっている。

② {(○)はなぢ／( )はなじ} が、ぽたぽたと {(○)じめん／( )ぢめん} に落ちた。

③ 公園に {(○)ちかづく／( )ちかずく} と、{( )おうきな／(○)おおきな} 木が見えた。

④ {(○)こおり／( )こうり} の上に、{(○)おおくの／( )おうくの} ペンギンがいた。

⑤ {(○)おねえさん／( )おねいさん} は、{( )とうい／(○)とおい} 町の大学に行く。

⑥ {(○)きのう／( )きのお} つくえの上を {( )かたずけた。／(○)かたづけた。}

⑦ 母は、{(○)いもうと／( )いもおと} の {(○)ようふく／( )よおふく} をぬう。

⑧ {(○)みかづき／( )みかずき} を見ながら、家に {(○)かえる。／( )かへる。}

⑨ 空気がぬけて、風船が {( )ちじんだ。／(○)ちぢんだ。}

⑩ 駅前 {(○)どおり／( )どうり} の {( )ええがかん／(○)えいがかん} へ行く。

よく見て書こう！

音やようすを表すことば ①

名前　　月　日

1 次の文で、使い方が正しいほうに○をつけましょう。

① へびが {(○)にょろにょろ／( )ぴょんぴょん} 動く。

② 赤ちゃんが {( )ぐんぐん／(○)ぐっすり} ねむっている。

③ たいこの音が力強く {(○)ドーンドーン／( )トントン} とひびく。

④ 夜が明けて、すずめが {( )バタバタ／(○)チュンチュン} 鳴きだした。

2 □のことばの中から、使い方のあうものをえらんで（　）に書きましょう。

① ごろん・ころころ・ゴロゴロ

㋐ ビー玉が（ころころ）転がる。

㋑ 岩が（ごろん）と動いた。

㋒ かみなりが（ゴロゴロ）鳴る。

② じっと・ぐっと

㋐ むねに（ぐっと）くる。

㋑ 写真をとる間、（じっと）している。

③ きらきら・ぎらぎら

㋐ 太陽が（ぎらぎら）てりつける。

㋑ 星が（きらきら）かがやく。

④ はらはら・ぱらぱら

㋐ 本を（ぱらぱら）めくる。

㋑ 木の葉が（はらはら）落ちる。

⑤ ぽろり・ぽつぽつ・ぽたぽた

㋐ あせが（ぽたぽた）流れ落ちる。

㋑ なみだが　ひとつぶ（ぽろり）とこぼれる。

㋒ 雨が（ぽつぽつ）ふりだした。

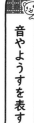

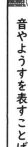

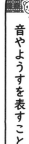

声に出すと
分かりやすいよ

音やようすを表すことば ②

名前　　月　　日

1 （　）にあうことばを、□から一つえらんで書きましょう。

① カラスが（バサバサ）とび立つ。
② せんべいを（バリバリ）食べる。
③ 海に（ザブン）ととびこむ。
④ 雨が（ザーザー）ふる。
⑤ 柱時計が（ボーン）と鳴る。
⑥ ねこが（ゴロゴロ）のどを鳴らす。
⑦ ドアが（バタン）としまる。
⑧ （ガラガラ）うがいをする。
⑨ 風が（ピューピュー）ふく。
⑩ 水たまりに（バシャバシャ）入る。

ザーザー　ピューピュー　ガラガラ　バタン　ボーン
バシャバシャ　バリバリ　バサバサ　ザブン　ゴロゴロ

2 次のようすにあうことばを、□からえらんで一つ書きましょう。

① 手ざわりがなめらかでないようす。（ざらざら）
② 手ざわりがなめらかで、ねばりけがあってすべりやすいようす。（ぬるぬる）
③ 手ざわりがなめらかで、ねばりけがなく、さっぱりしたようす。（さらさら）

ぬるぬる　めらめら　ざらざら　さらさら　ひらひら

3 次の文で、かたかなで書くのはどちらですか。（　）に○をつけましょう。

①（○）たいこをどんどんたたく。
　（　）マンションがどんどんふえる。
②（○）かみなりがごろごろ鳴る。
　（　）休みの日は、家でごろごろしている。

いろいろな意味に使うことば ①

名前　　月　　日

1 後の問いに答えましょう。

(1) 同じ意味で使われている文を、線でむすびましょう。

① つなを引く。　　　　へらす。少なくする。
② まっすぐな線を引く。　長くのばす。
③ 十から三を引く。　　自分の方へひきよせる。

(2) 同じ意味で使われている文を、線でむすびましょう。

① ひもがとける。　　　気持ちがやわらぐ。
② 算数の問題がとける。　むすんであるものがほどける。
③ いかりがとける。　　答えが出る。

2 （　）には、同じことばが入ります。答えを□に書きましょう。

① 重い
鉄は（　）。
病気が（　）。
せきにんが（　）。
気が（　）。

② つける
気を（　）。
日記を（　）。
車に気を（　）。
パンにバターを（　）。

③ かかる
きつねが、わなに（　）。
宿題のことが、気に（　）。
お医者さんに（　）。
月に雲が（　）。
駅まで歩いて、三十分（　）。

④ 立つ
役に（　）。
けむりが（　）。
うわさが（　）。
いすから（　）。
朝市が（　）。

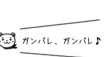

ガンバレ、ガンバレ♪

いろいろな意味に使うことば ②

名前　　　月　日

1 それぞれ□の文と同じ意味で使われている文に、○をつけましょう。

① あの人は、野鳥のことに明るい。

(　) 春の日ざしが明るい。
(　) カーテンを開けると明るい。
(○) 父はこの町について明るい。
(　) 妹は明るいせいかくだ。

② ねこの手もかりたいほど、いそがしい。

(　) ほしかった車を手に入れた。
(○) 引っこしの手が足りない。
(　) 勉強が手につかない。
(　) 手のこんだりょう理を作る。

2 次のことばは、どんな意味に使われていますか。□からえらんで、記号を書きましょう。

① 当たる
(イ) ボールが当たる。
(ウ) そうじ当番に当たる。
(ア) 予想が当たる。

ア 思ったとおりになること。
イ 物がぶつかること。
ウ 役わりがまわってくること。

② かける
(ウ) もうふをかける。
(ア) かべに時計をかける。
(イ) いつも気にかける。

ア ぶらさげること。
イ 心配すること。
ウ 上からかぶせること。

3 (　)には、同じことばが入ります。答えを□に書きましょう。

① 切る
・紙を小さく(　)。
・野さいの水をよく(　)。
・電話を急に(　)。

② 合う
・この服はぴったり(　)。
・山田君と、意見が(　)。
・答えが、全部(　)。

反対の意味を表すことば

名前　　　月　日

1 反対の意味のことばを、漢字と送りがなで書きましょう。

① (長い)―(短い)　② (暑い)―(寒い)
③ (売る)―(買う)　④ (軽い)―(重い)
⑤ あさい―(深い)　⑥ (明るい)―(暗い)
⑦ (行く)―(来る)　⑧ (強い)―(弱い)
⑨ (太い)―(細い)　⑩ (新しい)―(古い)

2 反対の意味のことばを、漢字で書きましょう。(①～⑤は送りがなも書きましょう。)

① (遠い)―(近い)　② (多い)―(少ない)
③ (安い)―(高い)　④ (勝つ)―(負ける)
⑤ (開ける)―しめる　⑥ 階上―(階下)
⑦ 転出―(転入)　⑧ たて―(横)
⑨ てき―(味方)　⑩ 北半球―(南半球)

同じ音になることば ①

名前　　月　　日

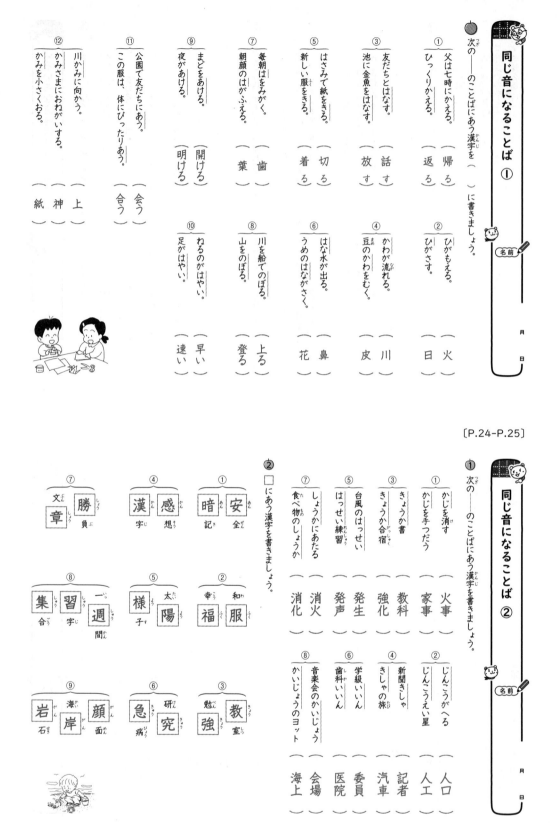

次の——のことばにあう漢字を（　）に書きましょう。

① 父は七時にかえる。（帰る）
ひっくりかえる。（返る）

② ひがもえる。（火）
ひがさす。（日）

③ 友だちとはなす。（話す）
池に金魚をはなす。（放す）

④ かわが流れる。（川）
豆のかわをむく。（皮）

⑤ はさみで紙をきる。（切る）
新しい服をきる。（着る）

⑥ はな水が出る。（鼻）
うめのはながさく。（花）

⑦ 毎朝はをみがく。（歯）
朝顔のはがふえる。（葉）

⑧ 川を船でのぼる。（上る）
山をのぼる。（登る）

⑨ まどをあける。（開ける）
夜があける。（明ける）

⑩ ねるのがはやい。（早い）
足がはやい。（速い）

⑪ 公園で友だちにあう。（会う）
この服は、体にぴったりあう。（合う）

⑫ 川かみに向かう。（上）
かみさまにおねがいする。（神）
かみを小さくおる。（紙）

同じ音になることば ②

名前　　月　　日

1 次の——のことばにあう漢字を書きましょう。

① かじを消す（火事）
かじを手つだう（家事）

② じんこうがへる（人口）
じんこうえい星（人工）

③ きょうか書（教科）
きょうか合宿（強化）

④ 新聞きしゃ（記者）
きしゃの旅（汽車）

⑤ 台風のはっせい（発生）
はっせい練習（発声）

⑥ 学級いいん（委員）
歯科いいん（医院）

⑦ しょうかにあたる（消火）
食べ物のしょうか（消化）

⑧ 音楽会のかいじょう（会場）
かいじょうのヨット（海上）

2 □にあう漢字を書きましょう。

① 【安】全　【暗】記

② 和【服】　幸【福】

③ 【教】室　勉【強】

④ 【感】想　【漢】字

⑤ 太【陽】　【様】子

⑥ 研【究】　【急】病

⑦ 【勝】負　文【章】

⑧ 一【週】間　【習】字　【集】合

⑨ 【顔】面　海【岸】　【岩】石

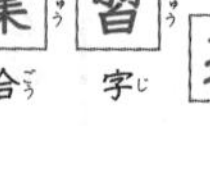

ことばのなかま分け ①

名前　　月　　日

1 次のことばを、ア〜ウの形に分けます。□からえらんで、記号を書きましょう。

ア 物の名前やことがらを表すことば　イ 動きを表すことば
ウ ようすや気持ちを表すことば

① あやとり　ア
② 悲しい　ウ
③ 歩く　イ
④ 読む　イ
⑤ 集まる　イ
⑥ 乗り物　ア
⑦ 星　ア
⑧ 寒い　ウ
⑨ しずかだ　ウ

2 次の文から、動きを表すことばをえらんで（　）に書きましょう。

① 大きな声で校歌を歌う。（歌う）
② 弟は、毎日、早くねる。（ねる）
③ 池にすむやごは、とんぼのよう虫だ。（すむ）
④ カーテンを開けると、まぶしい。（開ける）

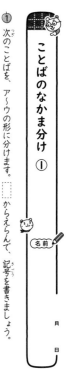

3 次の文から、ようすや気持ちを表すことばをえらんで（　）に書きましょう。

先生が大きい声で、おもしろい昔話をゆっくり読んだので、教室はにぎやかになった。

（大きい）
（おもしろい）
（ゆっくり）
（にぎやかに）
順不同

ことばのなかま分け ②

名前　　月　　日

1 次のことばから、ちがうなかまのことばを一つえらんで、○でかこみましょう。

① かまきり　ふくろう　麦　（遊ぶ）　トラック　コスモス
② 見る　作る　（長い）　泳ぐ　読む　食べる
③ 悪い　（よろこび）　高い　楽しい　短い　明るい
④ 北海道　海　りんご　かばん　えいが　（少し）
⑤ （船）　買う　走る　植える　行く　とぶ
⑥ はっきり　じっくり　たっぷり　しっかり　（まぶしい）　ゆっくり

2 「が」「は」「を」に気をつけて、文にあうことばを書きましょう。

① 開く／開ける
ア お父さんが、雨戸を（開ける）。
イ 雨戸が（開く）。

② 上がる／上げる
ア 子どもたちが、たこを（上げる）。
イ たこが（上がる）。

③ 育つ／育てる
ア わたしは、ひまわりの花を（育てる）。
イ ひまわりの花が（育つ）。

④ 起きる／起こす
ア お母さんが、朝早くぼくを（起こす）。
イ ぼくは、朝早く（起きる）。

組み合わせたことば ①

名前　　月　日

❶ 次のことばを、れいのように一つのことばにして書きましょう。

〈れい〉走る＋ぬく↓（走りぬく）

① 見る＋わすれる↓（見わすれる）
② つむ＋重ねる↓（つみ重ねる）
③ 歩く＋始める↓（歩き始める）
④ 読む＋まちがう↓（読みまちがう）
⑤ 言う＋直す↓（言い直す）
⑥ 書く＋終わる↓（書き終わる）

〈れい〉口＋ふえ↓（口ぶえ）

⑦ 麦＋はたけ↓（麦ばたけ）
⑧ かた＋くるま↓（かたぐるま）
⑨ あめ＋かさ↓（あまがさ）

〈れい〉ちかい＋道↓（ちか道）

⑩ さむい＋空↓（さむ空）
⑪ ほそい＋道↓（ほそ道）
⑫ ながい＋くつ↓（ながぐつ）

❷ 次のことばを、れいのように二つのことばに分けましょう。

〈れい〉作り話↓（作る＋話）

① やきめし↓（やく＋めし）
② わらい顔↓（わらう＋顔）
③ 消しゴム↓（消す＋ゴム）

〈れい〉雨ふり↓（雨＋ふる）

④ いねかり↓（いね＋かる）
⑤ 山登り↓（山＋登る）
⑥ 雪どけ↓（雪＋とける）

❸ 次のことばを、れいのように二つのことばに分けましょう。

〈れい〉おる＋紙↓おり紙

① 流れる＋星↓流れ星
② くだる＋さか↓くだりざか
③ まわる＋道↓まわり道

組み合わせたことば ②

名前　　月　日

❶ 次の——のことばを、れいのように組み合わせたことばにして書きましょう。

〈れい〉坂道をかけておりる。↓（かけおりる）

① めざまし時計の音で、とんで起きる。↓（とび起きる）
② 紙をおってたたむ。↓（おりたたむ）
③ 赤ちゃんが、ないてさけぶ。↓（なきさけぶ）
④ 小犬が、庭を走って回る。↓（走り回る）
⑤ 大切なことを聞くのをわすれる。↓（聞きわすれる）
⑥ さくらなみ木を通ってぬける。↓（通りぬける）

❷ 次の——のことばを、れいのように二つのことばに分けましょう。

〈れい〉赤ちゃんをだきかかえる。↓（だく＋かかえる）

① よごれをあらい落とす。↓（あらう＋落とす）
② 作文を書きあげる。↓（書く＋あげる）
③ 階だんをかけのぼる。↓（かける＋のぼる）
④ 地面をふみしめる。↓（ふむ＋しめる）

❸ □にあうことばを書きましょう。

① 心＋つよい↓心づよい
② はだ＋さむい↓はだざむい
③ 息＋くるしい↓息ぐるしい

主語・述語 ①

名前　　月　日

1 次の文は、[　]のどの文の形と同じですか。えらんで記号を書きましょう。

① 犬が　ほえる。……（ア）
② 雪が　ふる。……（ア）
③ ありは　小さい。……（イ）
④ 姉は　やさしい。……（イ）
⑤ 赤ちゃんが　なく。……（ア）
⑥ 母は　会社員だ。……（ウ）
⑦ 公園に　はとが　いる。……（エ）
⑧ 弟は　かわいい。……（イ）
⑨ ぼくは　九才だ。……（ウ）
⑩ 理科室に　ひょう本が　ある。……（エ）

ア 何(だれ)が(は)　どうする。
イ 何(だれ)が(は)　どんなだ。
ウ 何(だれ)が(は)　何だ。
エ 何(だれ)が(は)　ある(いる)。

2 次の文から、主語にあたることばを書きましょう。

① 朝から　頭が　いたい。……（頭が）
② バラの　花は　きれいだ。……（花は）
③ テーブルの　上に　花びんが　ある。……（花びんが）
④ ねこが　ニャーニャー　鳴く。……（ねこが）
⑤ 海は　広い。……（海は）

主語は、文の中で「だれが」「だれは」「何が」「何は」にあたることばだよ。

3 次の文から、述語にあたることばを書きましょう。

① ぼくは　毎朝　七時に　起きる。……（起きる）
② ふじ山は　日本一　高い　山だ。……（山だ）
③ 父は　バスの　運転手だ。……（運転手だ）
④ 社会の　テストは　むずかしい。……（むずかしい）
⑤ 草むらに　こおろぎが　いる。……（いる）

述語は、文の中で「どうする」「どんなだ」「何だ」「いる」にあたることばだよ。

主語・述語 ②

名前　　月　日

1 次の文で主語がある文には○を、ない文には△をつけましょう。

① （△）道でばったり先生に会った。
② （○）庭に、赤いばらがたくさんさいている。
③ （○）とつぜん空がくもってきた。
④ （△）きゅう食をのこさずに食べよう。
⑤ （○）父のしゅみは、日曜大工だ。
⑥ （△）早く起きないと、ちこくする。
⑦ （○）コアラは、オーストラリアにすむ動物だ。
⑧ （○）とても長いね、きりんの首は。

2 次の文の主語を上の□に、述語を下の□に書きましょう。

〈れい〉ぼくの家族は、みんなで五人だ。　家族は　五人だ

	文	主語	述語
①	兄は、サッカーチームのキャプテンだ。	兄は	キャプテンだ
②	白い馬が、草原をかける。	馬が	かける
③	母は、毎朝、みそしるを作る。	母は	作る
④	山本さんが、かぜで学校を休んだ。	山本さんが	休んだ
⑤	図書館には、本がたくさんある。	本が	ある
⑥	先生の声は、とても大きい。	声は	大きい

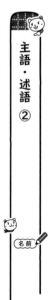

修飾語①

名前　　　月　　日

1 次の――のことばが表していることを□からえらんで記号を書きましょう。

① わたしは、きのう（ア）、友だちと（ウ）公園で（イ）遊んだ。

② 弟は、池で（イ）大きな（オ）魚を（エ）つった。

③ かわいい（オ）赤ちゃんが、すやすや（カ）ねむっている。

④ 白い（オ）雲が、ゆっくりと（カ）流れていく。

⑤ お母さんは、夕方（ア）、スーパーマーケットで（イ）買い物を（エ）する。

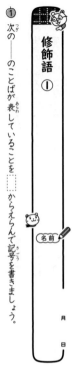

ア いつ　イ どこで　ウ だれと　エ 何を　オ どんな　カ どのように

2 次の□のことばをくわしくしていることば（修飾語）に線を引きましょう。

① たくさんの［はと］がとび立った。

② きれいな［服］を着る。

③ 川に、長い［橋］がかかっている。

④ 重い［荷物］を運ぶ。

⑤ 苦い［薬］を飲む。

⑥ 夕やけの［空］が美しい。

修飾語は、あることばをくわしくすることばのことだよ。

3 次の□のことばをくわしくしていることば（修飾語）を書きましょう。

① 小さなめだかが、すいすい［泳ぐ］。（すいすい）

② 黒い大きな犬が、とつぜん［ほえた］。（とつぜん）

③ 真夏の太陽が、ぎらぎらと［てりつける］。（ぎらぎらと）

④ おく歯が、しくしく［いたむ］。（しくしく）

⑤ どこまでも青い空が［つづく］。（どこまでも）

⑥ 急に、雨が［ふりだした］。（急に）

修飾語②

名前　　　月　　日

1 （　）にあうことばを、□からえらんで書きましょう。

① ぼくは、（何に ハムスターに）（何を えさを）やった。

② （どんな 赤い）ばらの花が、（どこに 花だんに）（どのように たくさん）さいている。

③ （どんな（何の） くまの）ぬいぐるみが、（どこに いすの上に）おいてある。

④ 正子さんは、（いつ きのう）、（だれと お父さんと）（どこへ 水族館へ）行った。

⑤ おじいちゃんは、（いつ 毎朝）（どこで 広場で）（何を ゲートボールを）する。

毎朝　花だんに　広場で　ハムスターに　くまの　お父さんと　きのう
いすの上に　水族館へ　ゲートボールを　赤い　たくさん　えさを

2 次の□のことばをくわしくしていることばを記号で書きましょう。

〈れい〉かえるが（ア）、ぴょんと（イ）［はねる］。（イ）

① さくらの（ア）花びらが（イ）、ひらひらと（ウ）［ちる］。（ウ）

② きのうから（ア）、ずっと（イ）頭が（ウ）［いたい］。（ア）と（イ）

③ 弟が（ア）、とつぜん（イ）大声で（ウ）［なきだした］。（イ）と（ウ）

④ 丸い（ア）［月が］、ぽっかり（イ）出る（ウ）。（ア）

⑤ 葉っぱの（ア）［しずくが］、きらきら（イ）光る（ウ）。（ア）

⑥ 黄色い（ア）小さな（イ）［花が］、ひとつ（ウ）さいた（エ）。（ア）と（イ）

⑦ 白い（ア）たんぽぽの（イ）［わた毛が］、たくさん（ウ）とぶ（エ）。（ア）と（イ）

文と文をつなぐことば ①

名前　　　月　日

❶ □にあうことばを⬚からえらんで書きましょう。

① ぼくは、かぜをひいてしまった。［だから］、学校を休んだ。
② 駅まで、バスで行きますか。［それとも］、自転車で行きますか。
③ わたしは、バスに乗りおくれた。［だから］、駅まで歩いて行った。
④ ぼくは、本を買いに行った。［しかし］、店はしまっていた。
⑤ ぼくは、ケーキを食べた。［それに］、アイスクリームも食べた。
⑥ 夏休みは、海に行きますか。［それとも］、山に行きますか。
⑦ 頭がいたい。［それに］、ねつもある。
⑧ ぼくは、テストのために勉強をした。［しかし］、点数はよくなかった。

それとも　だから　それに　しかし

□に入ることばは、文と文をつなぐ、つなぎことばというよ。

❷ 次の「つなぎことば」の使い方を⬚からえらんで、記号で書きましょう。

① 風が強くなった。それに、雨もふりはじめた。（エ）
② 寒くなってきた。それで、ストーブを出した。（イ）
③ 野球をしようか。それとも、サッカーをしようか。（ア）
④ わたしは、毎日リコーダーの練習をしている。けれども、なかなかうまくならない。（ウ）

ア 前のことがらと、後のことがらの、どちらかをえらぶときに使う。
イ 前のことがらがもとになって、後のことがらになるときに使う。
ウ 前のことがらとちがうことや、反対のことがらが後にくるときに使う。
エ 前のことがらに後のことがらをつけくわえたり、ならべたりするときに使う。

文と文をつなぐことば ②

名前　　　月　日

❶ 次のつなぎことばで正しい使い方をえらんで、○をつけましょう。

① コーヒーを飲みますか。{（○）それとも　（　）それでも}、こう茶を飲みますか。
② わたしは、息苦しくなってきた。{（　）すると　（○）それでも}、休まずに走った。
③ 日曜日は雨だった。{（○）それで　（　）けれども}、ハイキングは中止になった。
④ 兄は毎日よく食べる。{（　）そして　（○）しかし}、やせている。
⑤ ぼくは、図書館に行った。{（○）そして　（　）それに}、本を三さつかりた。

❷ 次の□に入ることばを⬚からえらんで、（　）に記号を書きましょう。

① 空はくもっていた。□、流れ星を見ることはできなかった。（ア）
② けさは、今にも雨がふりそうだった。□わたしは、かさを持っていった。（ア）
③ 雨が急にふってきた。□、すぐにやんでしまった。（イ）
④ ぼくは、いっしょうけんめい走った。□、前の人を追いぬくことはできなかった。（イ）
⑤ あしたは遠足なので、いつもより早くふとんに入った。□、なかなかねつけない。（イ）
⑥ 朝から雨がふっていた。□、バーベキューは中止になった。（ア）

ア だからのなかま　それで
イ しかしのなかま　ところが　けれども

文と文をつなぐことば ③

名前　　月　日

❶ 次の□にあうことばを[]からえらんで、書きましょう。

① 家に帰って、宿題をすませた。[それから]、友だちと外で遊んだ。
② 姉は、ピアノを習っている。[そのうえ]、ダンスも習っている。
③ あの店のメロンパンは、おいしくて有名だ。[だから]、すぐに売り切れる。
④ ぼくは、息つぎの練習を何回もした。[けれども]、二十五メートルは泳げなかった。
⑤ 和食がすきですか。[それとも]、洋食がすきですか。

それとも　だから　そのうえ　けれども　それから

❷ 次の二つの文を一つの文にします。□に入ることばを[]からえらんで、書きましょう。

① 雨がふった。[それで]、遠足は、えん期になった。
← 雨がふった[ので]、遠足は、えん期になった。
② 公園へ行った。[しかし]、だれも来ていなかった。
← 公園へ行った[が]、だれも来ていなかった。
③ ドアの前に立った。[すると]、ドアが自動的に開いた。
← ドアの前に立つ[と]、ドアが自動的に開いた。
④ 日が照っている。[だけど]、雨がふってきた。
← 日が照っている[のに]、雨がふってきた。

のに　ので　と　が

こそあどことば ①

名前　　月　日

❶ 次のことばは、どんなときに使われますか。あうものを線でむすびましょう。

① これ　それ　あれ　どれ / この　その　あの　どの
② ここ　そこ　あそこ　どこ
③ こちら　そちら　あちら　どちら / (こっち)(そっち)(あっち)(どっち)
④ こんな　そんな　あんな　どんな / こう　そう　ああ　どう

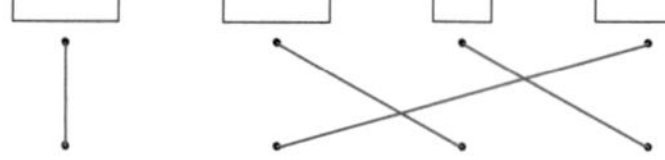

ア 場所をさししめすときに使う。
イ 方向をさししめすときに使う。
ウ 物をさししめすときに使う。
エ 様子をさししめすときに使う。

❷ （　）にあうことばを[]からえらんで、書きましょう。

① むこうに白いたて物が見えるだろう。（あれ）が病院だ。
② 二月三日は、せつ分だ。（その）日には、豆まきをする。
③ わたしのつくえの横に消しゴムが落ちている。（これ）は、だれのものだろう。
④ おかずがいろいろある。（どれ）から先に食べようか。
⑤ この問題は、（どの）ようにしてとくのだろう。
⑥ わたしは、近くの公園に行った。（そこ）には、きれいな花がさいていた。
⑦ テレビでせんでんしていた（あの）えい画が見たい。

これ　あれ　どれ　あの　その　どの　そこ

こそあどことば ②

名前　　　　月　　日

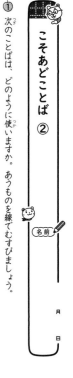

1 次のことばは、どのように使いますか。あうものを線でむすびましょう。

① これ・ここ　―　話し手に近い場合
② それ・そこ　―　聞き手（相手）に近い場合
③ あれ・あそこ　―　話し手・聞き手（相手）のどちらからも遠い場合
④ どれ・どこ　―　さししめすものがはっきり決まらない場合

2 次の――のことばがさすことばを（　）に書きましょう。

① 鳥が鳴いている。あれは、うぐいすだ。（鳥）
② 家族でキャンプ場に行った。そこは、湖のそばだった。（キャンプ場）
③ れんげの花で、かんむりを作った。これを妹にあげよう。（かんむり）
④ むこうにおかが見えるね。あそこまで、走ろう。（おか）
⑤ あなたのそばに、ほうきがあるでしょう。それをわたしに、わたしてください。（ほうき）
⑥ 父は、仕事で中国に行った。父は、そこから、絵はがきを送ってくれた。（中国）

ふつうの言い方・ていねいな言い方 ①

名前　　　　月　　日

1 ていねいな言い方の文には○を、ふつうの言い方の文には△をつけましょう。

①（△）いっしょに、やってみよう。
②（○）はじめて、さか上がりができました。
③（△）ろうかを走ってはいけない。
④（△）夕方、かみなりが鳴り出した。
⑤（△）くじらは、ほにゅうるいの動物だ。
⑥（○）ぼくは、カレーライスがすきです。

2 次の――のところを、ていねいな言い方に直しましょう。

① ぼくは、きのう公園に行った。（行きました）
② 姉は、五年生だ。（五年生です）
③ わたしは、まだ泳げない。（泳げません）
④ この本は、おもしろいと思う。（思います）

「テーブルにりんごがある。」を、ていねいな言い方をすると「テーブルにりんごがあります。」となります。

3 次の――のところを、ふつうの言い方に書き直しましょう。

① 雨あがりの空に、にじが出ています。（出ている）
② けさ、パンとサラダを食べました。（食べた）
③ わたしは、とび箱がとべたので、うれしくてたまりませんでした。（うれしくてたまらなかった）

ふつうの言い方・ていねいな言い方 ②

名前　　　月　日

1 次の——のところを、ふつうの言い方に書き直しましょう。

> 二年生のげきが終わると、いよいよ三年生のダンスが①始まります。待っていると、心ぞうが②どきどきしてきます。
> ぼくは、ときどきまちがうところがあるので、じしんが③ありません。でも、いっしょうけんめいおどろうと④決心しました。音楽が⑤鳴りだしました。

① （始まる）
② （どきどきしてくる）
③ （ない）
④ （決心した）
⑤ （鳴りだした）

2 次の——のところを、ていねいな言い方に書き直しましょう。

① 本の題名が思い出せない。（思い出せません）
② ふた葉の間に、本葉が見える。（見えます）
③ プールの中に、とびこんだ。（とびこみました）
④ とても楽しい一日だった。（一日でした）

3 次のような場合の、ふさわしい言い方を□からえらんで、記号を書きましょう。

① 相手が年上のとき（イ）
② 相手が同じ年れいや年下のとき（ア）
③ 相手が親しいとき（ア）
④ 相手があまり親しくないとき（イ）

ア　ふつうの言い方　イ　ていねいな言い方

ようすをおしはかる言い方

名前　　　月　日

1 次の文が表す言い方を□からえらんで、記号を書きましょう。

① （イ）このみかんは、おいしそうだ。
② （ア）このみかんは、おいしい。
③ （イ）あしたは、算数のテストがあるようだ。
④ （ア）もう少し歩くと、テレビ局がある。
⑤ （イ）あの人が、川上君のお兄さんらしい。
⑥ （イ）父は、もうすぐ帰って来るだろう。
⑦ （イ）寒くて、かぜをひきそうだ。
⑧ （ア）雪がふりつづいて、こまっている。

ア　はっきりわかっていることを表す言い方
イ　ようすをおしはかる言い方

ようすをおしはかる言い方は、心の中でこうかな？と考える言い方だよ。

2 次の文を、〈 〉のことばを使って、ようすをおしはかる言い方に直しましょう。

① 春には、花がさく。〈——だろう〉
（春には、花がさくだろう。）
② むこうの林に、かぶと虫がいる。〈——そうだ〉
（むこうの林に、かぶと虫がいるそうだ。）
③ このおもちゃは、こわれている。〈——ようだ〉
（このおもちゃは、こわれているようだ。）
④ 午後から、雨になる。〈——らしい〉
（午後から、雨になるらしい。）
⑤ こんどこそ、うまくいく。〈——そうだ〉
（こんどこそ、うまくいきそうだ（うまくいくそうだ）。）

聞いたことをつたえる言い方

名前　　　月　日

1 次の文が表す言い方を[　]からえらんで、記号を書きましょう。

① （ア）田中君は、サッカーチームに入りそうだ。
② （イ）田中君は、サッカーチームに入るそうだ。
③ （イ）あのえい画は、とてもおもしろいそうだ。
④ （ア）あのえい画は、とてもおもしろそうだ。
⑤ （イ）すず木さんの家に、赤ちゃんが生まれたそうだ。
⑥ （イ）今日は、気温が三十度をこえるそうだ。
⑦ （ア）雨がふりそうだ。
⑧ （イ）父は、子どものころ、わんぱくだったそうだ。

ア　ようすをおしはかる言い方
イ　聞いたことをつたえる言い方

2 次の文の終わりを「――そうだ」にして、聞いたことをつたえる言い方に直しましょう。

① 十年前、このあたりは田畑だった。
（十年前、このあたりは田畑だったそうだ。）
② むこうの林に、かぶと虫がいる。
（むこうの林に、かぶと虫がいるそうだ。）
③ ぼくは、一才のとき、入院した。
（ぼくは、一才のとき、入院したそうだ。）
④ あのお店のりょう理は、おいしい。
（あのお店のりょう理は、おいしいそうだ。）
⑤ もうすぐ、あそこにマンションができる。
（もうすぐ、あそこにマンションができるそうだ。）

たとえていう言い方

名前　　　月　日

1 次の文で、たとえる言い方をしているほうに○をつけましょう。

① （　）外国でくらしてみたいな。
（○）ここは、外国の町みたいだ。
② （○）赤ちゃんのほおは、りんごのようだ。
（　）昼からは、雨になるようだ。
③ （○）この犬は、ぬいぐるみみたいだ。
（　）中川君は、るすみたいだ。
④ （○）きみの手は、氷のようにつめたい。
（　）わすれ物をしないようにしよう。

2 次の（　）にあうことばを、[　]からえらんで書きましょう。

① マラソンをしたあと、（たきのように）あせが流れ落ちた。
② つくえの上には、（山のように）本がつまれている。
③ きょうは、（春のように）あたたかい一日だった。
④ 指先に（はりをさしたような）いたみがはしった。
⑤ （絵のように）美しいけしきが広がる。
⑥ 葉の上にのった水のしずくが（玉のように）光る。
⑦ ひがん花がたくさんさいて、赤い（じゅうたんのように）見える。

山のように　はりをさしたような　絵のように　じゅうたんのように　春のように　たきのように　玉のように

いろいろな言い方

名前　　月　　日

① 次の——のことばを、れいのように「終わったことを表す言い方」に書き直しましょう。

〈れい〉天気が急にかわる。（かわった）

① 友だちと学校のプールで泳ぐ。（泳いだ）

② 学校のまわりのけしきを絵にかく。（かいた）

③ ぼくは、二階に荷物を運ぶ。（運んだ）

④ わたしは、駅のかいさつ口で父を待つ。（待った）

⑤ 学級会で、運動会について話し合う。（話し合った）

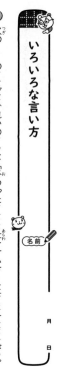

② 次の文が表す言い方を□からえらんで、記号を書きましょう。

ア　わかっていることを表す文
イ　終わったことを表す文
ウ　さそいかける文
エ　たずねる文
オ　命れいする文
カ　打ち消しの文

① みんなで歌いましょう。　ウ

② これは、ホウセンカのたねです。　ア

③ まだ花がさかない。　カ

④ いっしょに行こう。　ウ

⑤ この花は、なんという花ですか。　エ

⑥ 宿題をしなさい。　オ

⑦ 何日も雨がふりつづいた。　イ

⑧ ぼくは、もう走れません。　カ

⑨ 早く起きろ。　オ

⑩ わたしは、スキーに行きました。　イ

⑪ 駅まで歩いて十分だ。　ア

⑫ この池にザリガニはいますか。　エ

ならべていう言い方

名前　　月　　日

① 次の文で正しい言い方になるほうを○でかこみましょう。

① わたしも妹（と・**も**）アイスクリームがすきだ。

② 花だんには、赤（**や**・も）黄色のチューリップがさいている。

③ にんじん（**と**・も）じゃがいもを切った。

④ 教室のゆかを、はいたり（ふいた。・**ふいたりした。**）

② （　）にあうことばを、□からえらんで書きましょう。

① わたしは、音楽も体育（も）すきだ。

② このドアは、おしても引い（ても）開かない。

③ ろうか（や）階だんを走らないようにしよう。

④ 海で、魚をつっ（たり）泳いだりした。

⑤ 行くのか行かない（のか）はっきり決めなさい。

や　も　のか　たり　ても

③ 次の——のところをかえて、正しい文になるよう書き直しましょう。

① 雨の日は、本を読んだり、絵をかく。
（雨の日は、本を読んだり、絵をかいたりする。）

② 日曜日は、おつかいや手つだったりした。
（日曜日は、おつかいや手つだいをした。）

〔P.66-P.67〕

慣用句

名前　　月　日

❶ 次のことばの意味にあうものを□からえらんで、記号を書きましょう。

① はらが立つ　（カ）
② きもをつぶす　（ク）
③ 目を丸くする　（エ）
④ 鼻が高い　（オ）
⑤ むねをうつ　（イ）
⑥ 耳がいたい　（ウ）
⑦ かたを落とす　（キ）
⑧ 手をかす　（ア）

ア 手つだう。
イ 強く心にひびく。感動する。
ウ 自分の弱点を言われて、聞くのがつらい。
エ おどろいたようす。
オ とくいになるようす。
カ がまんできなくておこる。
キ がっかりして元気がないようす。
ク ひじょうにびっくりする。

❷ （　）にあう慣用句を、□からえらんで書きましょう。

① その話は、（耳にたこができる）ほど聞いたよ。
② 遠足で（足がぼうになる）ほど歩いた。
③ はずかしくて（顔から火が出る）ような思いをした。
④ ぼくと古田君の家は、（目と鼻の先）だ。
⑤ この問題はむずかしすぎて（手も足も出ない）。
⑥ 毎日練習すると、習字の（うでが上がる）。

顔から火が出る
耳にたこができる
目と鼻の先
手も足も出ない
うでが上がる
足がぼうになる

〔P.68-P.69〕

丸・点・かぎの使い方

名前　　月　日

❶ 次の文を、会話には「　」を、文の終わりには丸（。）をつけて書きましょう。

ぼくが、元気よく、おはようと言うと、母が返事をしたいい天気でよかったね

ぼくが、元気よく、

「おはよう。」

と言うと、母が返事をした。

「いい天気でよかったね。」

❷ 次の文に、（　）の中の数だけ点（、）を打って、文を読みやすくしましょう。

① にわにはにわにわとりがいる。（2）
② がかがこのえをかいた。（1）
③ すもももももものなかま。（2）
④ ほらそこにも花がある。（1）
⑤ あっちこっちさがしてやっとその家を見つけた。（1）
⑥ 友だちの家に行って何度も名前をよんだが返事がなかった。（2）

❸ 次の文に、点（、）を一つ打って、アイの意味を表せるように書きましょう。

① とてもかわいいねこの子。
ア かわいいのは、この子。
（とてもかわいいね、この子。）
イ かわいいのは、ねこの子。
（とてもかわいい、ねこの子。）

② わたしは自転車で先に行った姉さんを追いかけた。
ア 自転車で行ったのは、姉さん。
（わたしは、自転車で先に行った姉さんを追いかけた。）
イ 自転車で追いかけたのは、わたし。
（わたしは自転車で、先に行った姉さんを追いかけた。）

送りがな ①

名前　　月　日

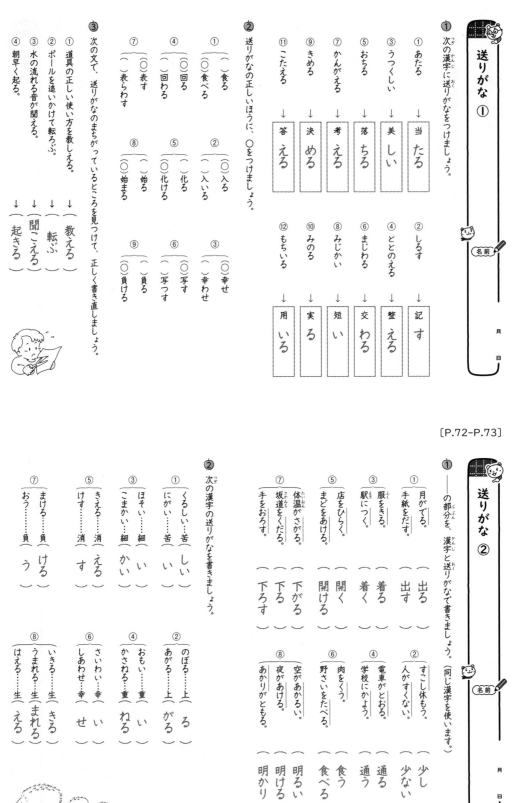

1 次の漢字に送りがなをつけましょう。

① あたる → 当たる
② しるす → 記す
③ うつくしい → 美しい
④ ととのえる → 整える
⑤ おちる → 落ちる
⑥ まじわる → 交わる
⑦ かんがえる → 考える
⑧ みじかい → 短い
⑨ きめる → 決める
⑩ みのる → 実る
⑪ こたえる → 答える
⑫ もちいる → 用いる

2 送りがなの正しいほうに、○をつけましょう。

① （　）食る　（○）食べる
② （○）入る　（　）入いる
③ （○）幸せ　（　）幸わせ
④ （○）回る　（　）回わる
⑤ （　）化る　（○）化ける
⑥ （○）写す　（　）写つす
⑦ （○）表す　（　）表わす
⑧ （　）始る　（○）始まる
⑨ （　）負る　（○）負ける

3 次の文で、送りがなのまちがっているところを見つけて、正しく書き直しましょう。

① 道具の正しい使い方を教しえる。 →（教える）
② ボールを追いかけて転ろぶ。 →（転ぶ）
③ 水の流れる音が聞える。 →（聞こえる）
④ 朝早く起る。 →（起きる）

送りがな ②

名前　　月　日

1 ——の部分を、漢字と送りがなで書きましょう。（同じ漢字を使います。）

① 月がでる。（出る）　手紙をだす。（出す）
② すこし休もう。（少し）　人がすくない。（少ない）
③ 服をきる。（着る）　駅につく。（着く）
④ 電車がとおる。（通る）　学校にかよう。（通う）
⑤ 店をひらく。（開く）　まどをあける。（開ける）
⑥ 肉をくう。（食う）　野さいをたべる。（食べる）
⑦ 体温がさがる。（下がる）　坂道をくだる。（下る）　手をおろす。（下ろす）
⑧ 空があかるい。（明るい）　夜があける。（明ける）　あかりがともる。（明かり）

2 次の漢字の送りがなを書きましょう。

① くるしい…苦（しい）　にがい…苦（い）
② のぼる……上（る）　あがる……上（がる）
③ ほそい……細（い）　こまかい…細（かい）
④ おもい……重（い）　かさねる…重（ねる）
⑤ きえる……消（える）　けす……消（す）
⑥ さいわい…幸（い）　しあわせ…幸（せ）
⑦ まける……負（ける）　おう……負（う）
⑧ いきる……生（きる）　うまれる…生（まれる）　はえる……生（える）

送りがな ③

名前　　　　月　　日

❶「遊ぶ」ということばを、それぞれの文に合う形にかえて書きましょう。（形のかわらないものもあります。）

① ちゅう車場では、（遊ば）ないでください。
② 日曜日は、公園の遊具で（遊び）たい。
③ 暑い日に、外で（遊ぶ）ときは、ぼうしをかぶろう。
④ みんなで（遊べ）ば、きっと楽しいよ。
⑤ キックベースをして（遊ぼ）う。
⑥ 友だちの弟や妹といっしょに（遊ん）だことがある。
⑦ 晴れた日は、外に出て（遊べ）。［めいれいの言い方］

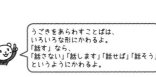

うごきをあらわすことばは、
いろいろな形にかわるよ。

「話す」なら、

「話さない」「話します」「話せば」「話そう」

というようにかわるよ。

❷「読む」ということばを、それぞれの文に合う形にかえて書きましょう。（形のかわらないものもあります。）

① 弟は、まん画は見るが、本は（読ま）ない。
② わたしは、夏休みに、本をたくさん（読み）ます。
③ 図書館で本を（読む）ときは、しずかにしよう。
④ さい後のページを（読め）ば、なぞはすべてとける。
⑤ 休み時間に、物語のつづきを（読も）う。
⑥ この本は、もう（読ん）だ。
⑦ ゲームばかりしないで、たまには本を（読め）。［めいれいの言い方］

送りがな ④

名前　　　　月　　日

❶ □にあう送りがなを書きましょう。

① 書く
- 書［か］ない
- 書［き］ます
- 書［く］とき
- 書［け］ば
- 書［こ］う
- 書［い］た
- 書け

② 飲む
- 飲［ま］ない
- 飲［み］ます
- 飲［む］とき
- 飲［め］ば
- 飲［も］う
- 飲［ん］だ
- 飲め

③ 泳ぐ
- 泳［が］ない
- 泳［ぎ］ます
- 泳［ぐ］とき
- 泳［げ］ば
- 泳［ご］う
- 泳［い］だ
- 泳げ

❷ 次の文にあうように、送りがなをかえて書きましょう。

① 休む　少し（休め）ば、つかれがとれるよ。
② 引く　力いっぱいつなを（引こ）う。
③ 走る　毎朝、父とわたしは、池のまわりを（走り）ます。
④ 立つ　すもうでは、すず木君に歯が（立た）ない。
⑤ 運ぶ　オルガンは重いから、二人で（運ぼ）う。
⑥ 持つ　荷物は、ぼくが（持ち）ます。
⑦ 帰る　暗くなってきたから、弟と（帰ら）ないとね。
⑧ 聞く　木村君から、楽しい話を（聞い）た。

文をよく読んでね

形のかわることば

名前　　　月　日

❶ 次のことばを、それぞれの文にあう形にかえて書きましょう。

〈れい〉青い…海は、（青く）て大きかった。

① 暑い………去年の夏は、とても（暑かっ）た。
② 有名だ………（有名な）お寺に行って、写真をとった。
③ ていねいだ…絵の具を（ていねいに）ぬっていこう。
④ おいしい……このケーキは、（おいしく）て、ほっぺたが落ちそうだ。
⑤ ほがらかだ…お母さんは、（ほがらかで）楽しい。
⑥ しずかだ……会場は、水を打ったように（しずかだっ）た。

❷ 「寒い」ということばを、それぞれの文にあう形に□からえらんで、書きましょう。

① この大雪では、外はさぞ（寒いだろ）う。
② きのうも、一日中（寒かっ）た。
③ （寒く）て、こごえそうだ。
④ そんなに（寒いなら）ば、ストーブのそばにおいでよ。

寒いだろ　寒く　寒いなら　寒かっ

❸ 「きれいだ」ということばを、それぞれの文にあう形に□からえらんで、書きましょう。

① 山の上の空気は、きっと（きれいだろ）う。
② この公園は、（きれいで）落ち着く。
③ ごちそうを（きれいに）平らげる。
④ （きれいな）花びらを見つけた。
⑤ もう少し字が（きれいなら）ば、読みやすいのに。

きれいなら　きれいだろ　きれいな　きれいに　きれいで

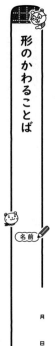

漢字の組み立て ①

名前　　　月　日

❶ 次の部分をもつ漢字は、どんなことと関係がありますか。□からえらんで（　）に記号を書きましょう。

① 亻　体・使・係（エ）
② 土　地・坂・場（ウ）
③ ⺮　算・答・箱（ア）
④ 言　話・読・談（オ）
⑤ 心　意・思・感（イ）

ア「竹」に関係がある漢字
イ「心」に関係がある漢字
ウ「土」に関係がある漢字
エ「人」に関係がある漢字
オ「ことば」に関係がある漢字

❷ 次の部分をもつ漢字を□に書きましょう。また、部首の名前を□からえらんで（　）に書きましょう。

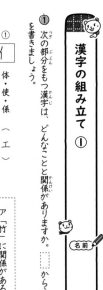

① 木…植物の根　黒板の横（きへん）
② 氵…深い　湖　港町　流れ（さんずい）
③ 艹…落ち葉　薬草　お茶（くさかんむり）
④ 辶…運動　遊歩道　通る（しんにょう）
⑤ 囗…庭園　国語　回転（くにがまえ）

しんにょう　さんずい　くにがまえ　きへん　くさかんむり

漢字の組み立て ②

名前　　月　日

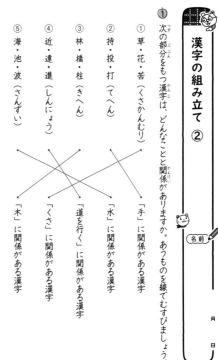

1 次の部分をもつ漢字は、どんなことと関係がありますか。あうものを線でむすびましょう。

① 草・花・苦（くさかんむり）――「くさ」に関係がある漢字
② 持・投・打（てへん）――「手」に関係がある漢字
③ 林・橋・柱（きへん）――「木」に関係がある漢字
④ 近・遠・進（しんにょう）――「道を行く」に関係がある漢字
⑤ 海・池・波（さんずい）――「水」に関係がある漢字

「手」に関係がある漢字
「水」に関係がある漢字
「道を行く」に関係がある漢字
「くさ」に関係がある漢字
「木」に関係がある漢字

2 上の漢字を、同じ部首をもつグループに分け、□に書きましょう。また、部首の名前を ［ ］ からえらんで（ ）に書きましょう。

終　客　後
家　秋　数
科　線　役
待　放　紙
教　秒　宮

① 禾…秋　科　秒（のぎへん）
② 攵…数　放　教（ぼくづくり）
③ 宀…客　家　宮（うかんむり）
④ 彳…後　役　待（ぎょうにんべん）
⑤ 糸…終　線　紙（いとへん）

ぎょうにんべん　ぼくづくり　いとへん　のぎへん　うかんむり

漢字の読み方 ①

名前　　月　日

1 次の漢字の読みがなを書きましょう。

① 親友（しんゆう）　親しい（した しい）
② 温度（おんど）　温かい（あたた かい）
③ 教育（きょういく）　育つ（そだ つ）
④ 晴天（せいてん）　晴れる（は れる）
⑤ 交通（こうつう）　交わる（まじ わる）
⑥ 転校（てんこう）　転がる（ころ がる）
⑦ 助手（じょしゅ）　助ける（たす ける）
⑧ 作者（さくしゃ）　人気者（にんきもの）
⑨ 旅行（りょこう）　旅人（たびびと）
⑩ 薬品（やくひん）　目薬（めぐすり）

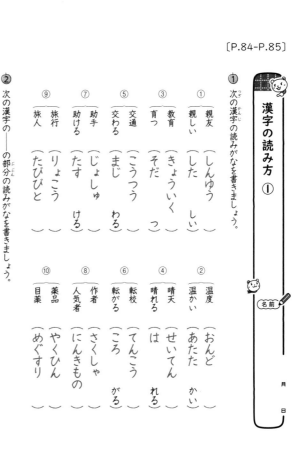

2 次の漢字の――の部分の読みがなを書きましょう。

① ア 人生（じん）　イ 人間（にん）　ウ 人波（ひと）
② ア 小学校（しょう）　イ 小声（こ）　ウ 小川（お）　エ 小さい犬（ちい）
③ ア 動物（ぶつ）　イ 荷物（もつ）　ウ 品物（もの）
④ ア 金魚（ぎょ）　イ 魚市場（うお）　ウ 魚つり（さかな）
⑤ ア 大木（ぼく）　イ 木馬（もく）　ウ 庭木（き）　エ 木かげ（こ）
⑥ ア 表面（ひょう）　イ 紙の表（おもて）　ウ 書き表す（あらわ）

漢字の読み方 ②

名前　　　月　　日

❶ 次の漢字の読みがなを書きましょう。

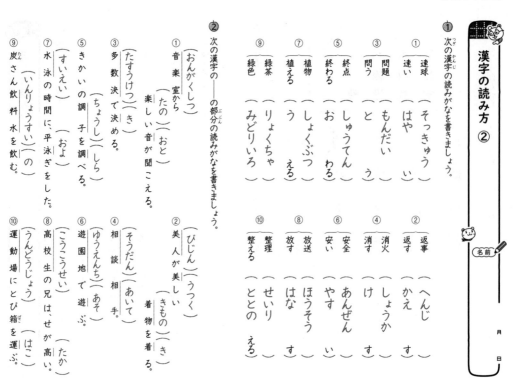

① 速球（そっきゅう）　速い（はや　い）
② 返事（へんじ）　返す（かえ　す）
③ 問題（もんだい）　問う（と　う）
④ 消火（しょうか）　消す（け　す）
⑤ 終点（しゅうてん）　終わる（お　わる）
⑥ 安全（あんぜん）　安い（やす　い）
⑦ 植物（しょくぶつ）　植える（う　える）
⑧ 放送（ほうそう）　放す（はな　す）
⑨ 緑茶（りょくちゃ）　緑色（みどりいろ）
⑩ 整理（せいり）　整える（ととの　える）

❷ 次の漢字の――の部分の読みがなを書きましょう。

① 音楽室から楽しい音が聞こえる。（おんがくしつ）（たの）（おと）
② 美人が美しい着物を着る。（びじん）（うつく）（きもの）（き）
③ 多数決で決める。（たすうけつ）（き）
④ 相談相手。（そうだん）（あいて）
⑤ きかいの調子を調べる。（ちょうし）（しら）
⑥ 遊園地で遊ぶ。（ゆうえんち）（あそ）
⑦ 水泳の時間に、平泳ぎをした。（すいえい）（およ）
⑧ 高校生の兄は、せが高い。（こうこうせい）（たか）
⑨ 炭さん飲料水を飲む。（いんりょうすい）（の）
⑩ 運動場にとび箱を運ぶ。（うんどうじょう）（はこ）

形がにている漢字

名前　　　月　　日

● □にあう漢字を書きましょう。

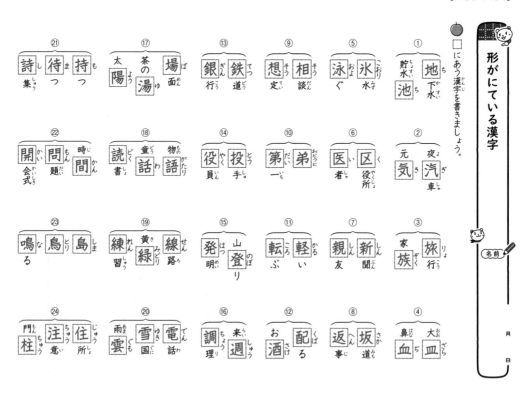

① 地下水（ちかすい）　貯水池（ちょすいち）
② 夜汽車（よぎしゃ）　元気（げんき）
③ 旅行（りょこう）　家族（かぞく）
④ 大皿（おおざら）　鼻血（はなぢ）
⑤ 氷水（こおりみず）　泳ぐ（およぐ）
⑥ 区役所（くやくしょ）　医者（いしゃ）
⑦ 新聞（しんぶん）　親友（しんゆう）
⑧ 坂道（さかみち）　返事（へんじ）
⑨ 相談（そうだん）　想定（そうてい）
⑩ 弟（おとうと）　第一（だいいち）
⑪ 軽い（かるい）　転ぶ（ころぶ）
⑫ 配る（くばる）　お酒（おさけ）
⑬ 鉄道（てつどう）　銀行（ぎんこう）
⑭ 投手（とうしゅ）　役員（やくいん）
⑮ 山登り（やまのぼり）　発明（はつめい）
⑯ 来週（らいしゅう）　調理（ちょうり）
⑰ 場面（ばめん）　茶の湯（ちゃのゆ）　太陽（たいよう）
⑱ 物語（ものがたり）　童話（どうわ）　読書（どくしょ）
⑲ 線路（せんろ）　黄緑（きみどり）　練習（れんしゅう）
⑳ 電話（でんわ）　雪国（ゆきぐに）　雨雲（あまぐも）
㉑ 持つ（もつ）　待つ（まつ）　詩集（ししゅう）
㉒ 時間（じかん）　問題（もんだい）　開会式（かいかいしき）
㉓ 島（しま）　鳥（とり）　鳴る（なる）
㉔ 住所（じゅうしょ）　注意（ちゅうい）　門柱（もんちゅう）

国語辞典の使い方 ①

名前　　月　日

❶ 五十音表を書きましょう。

あ	い	う	え	お
か	き	く	け	こ
さ	し	す	せ	そ
た	ち	つ	て	と
な	に	ぬ	ね	の
は	ひ	ふ	へ	ほ
ま	み	む	め	も
や	／	ゆ	／	よ
ら	り	る	れ	ろ
わ	／	／	を	ん

❷ 国語辞典に出ている順に、番号をつけましょう。（1から8まで）

(4)たか　(1)あひる
(2)かもめ　(5)はと
(6)まなづる　(3)さぎ
(8)わし　(7)らいちょう

❸ 国語辞典に出ている順に、番号をつけましょう。

①
(3)やね
(1)やく
(5)やま
(2)やど
(4)やぶ

②
(2)かかし
(4)からす
(5)ガラス
(1)かえで
(3)かがみ

③
(3)ごはん
(1)こはん
(4)ごばん
(2)こばん

④
(2)ポーズ
(5)ポール
(3)ホール
(4)ボール
(1)ホース

❹ ——のことばを言い切りの形に直しましょう。

〈れい〉白く→白い　読もう→読む

① 息を深くすってはく。
ア（深い）　イ（すう）

② 口を大きく開けよう。
ア（大きい）　イ（開ける）

③ きれいなハンカチを買った。
ア（きれい）　イ（買う）

④ いくら待っても、友だちが来ない。
ア（待つ）　イ（来る）

国語辞典の使い方 ②

名前　　月　日

❶ ——のことばを、言い切りの形に直しましょう。

① 風で落ちた葉を集める。（落ちる）
② ゆっくり書けば、美しい字になる。（書く）
③ ビールを飲むと、お父さんの顔が赤くなる。（赤い）
④ きょうの練習は、とてもきつかった。（きつい）
⑤ 公園でいっしょに遊ぼう。（遊ぶ）
⑥ いくら待っても、友だちが来ない。（来る）

❷ 国語辞典に先に出ていることばをえらんで、○をつけましょう。

① （　）ぱらぱら　（○）ばらばら
② （　）はっか　（○）はつか
③ （○）あい　（　）あお
④ （　）ぼうし　（○）ほうじ
⑤ （○）ぴよう　（　）ぴょう
⑥ （○）ぼたん　（　）ボタン

❸ 次の文の「あたる」の意味にあうものを□からえらんで、記号を書きましょう。

① 矢がまとにあたる。　オ
② 天気予報があたる。　イ
③ 辞書にあたる。　ク
④ 日があたる。　キ
⑤ 頭に石があたる。　ウ
⑥ 駅は北の方にあたる。　カ
⑦ 妹につらくあたる。　ア
⑧ くじがあたる。　エ

ア いじわるなたいどをとる　イ 予想通りになる　ウ ぶつかる　エ よいくじをひく
オ 命中する　カ その方角にある　キ 光がさす　ク たしかめる

物語の読み取り ①

名前　　月　　日

1 次の文章を読んで、後の問いに答えましょう。

おじいさんは、はたらきもので、気だてもよく、だれにでもすかれていました。ところが、たった一つ、たいへんこまったくせがありました。それは……おならです。おじいさんは、さあ、これからごはんを食べようというときになると、きまって、大きなおならをおとすくせがあったのです。

（「梅の木村のおならじいさん」松岡　享子『くしゃみくしゃみ天のめぐみ』福音館書店）

① どんなおじいさんですか。
（はたらきもので、気だてもよく、だれにでもすかれているおじいさん。）

② こまったくせとは、何ですか。
おなら

③ ②は、いつ出るのですか。
さあ、これから、（ごはんを食べよう）というとき。

④ きまってと、同じ意味のことばに○をつけましょう。
（　）とつぜん　（○）かならず

2 次の文章を読んで、後の問いに答えましょう。

つぎの日は日曜でした。三時ごろ、おかあさんはふろに水を入れておこうと思って、ふろ場のドアをあけました。

するど、どうでしょう。ふろのあらい場のかべぎわに、茶色のヘビがくるりとわになっていました。

おかあさんはピシャリとドアをしめ、まっ青になって、そこにすわりこんで、口をぱくぱくさせました。さけびたいのに声も出ません。

（「へびをつかむと…」古田　足日『だんち5階がぼくのうち』童心社）

① どこに、何がいましたか。
ふろの（あらい場のかべぎわ）に、（ヘビ）がくるりとわになっていた。

② おかあさんは、どうなりましたか。
（まっ青になって）、そこに（すわりこんで、口をぱくぱくさせた）。

③ 口をぱくぱくさせたのは、なぜですか。
（さけびたいのに声も）出ないから。

物語の読み取り ②

名前　　月　　日

1 次の文章を読んで、後の問いに答えましょう。

校門のところで井上さんは、ひとりの女の子と、ぶつかりそうになりました。

女の子は一年生くらいで、黄色のワンピースをきていました。やわらかい髪の毛の、目がくりくりっとした子です。

（「手の中のもの、なあんだ?」岡田　淳『放課後の時間割』偕成社）

① 井上さんは、どこで、だれとぶつかりそうになりましたか。
どこで（校門のところ）
だれと（ひとりの女の子）

② その子は、何をきていましたか。
（黄色のワンピース）

③ どんな子ですか。
（やわらかい）髪の毛の、目が（くりくりっとした）子。

2 次の文章を読んで、後の問いに答えましょう。

「これ、あげる。」

女の子は、井上さんのポケットの中に、そのキャラメルをぽとんとおとすと、門のほうへかけていってしまいました。

（「手の中のもの、なあんだ?」岡田　淳『放課後の時間割』偕成社）

・女の子は、どこに、何をおとしましたか。
どこに（井上さんのポケットの中）
何を（キャラメル）

3 次の文章を読んで、後の問いに答えましょう。

その夜、つめたいお弁当をすませたあと、ポケットのキャラメルをたべてみました。キャラメルなんてひさしぶりです。外では、冬のわすれもののようなつめたい風がふいていましたが、口の中であまくとけるキャラメルは、胸の中まで、ほっこりあたたまる味がしました。

（「手の中のもの、なあんだ?」岡田　淳『放課後の時間割』偕成社）

① 外では、どんな風がふいていましたか。
（冬のわすれもの）のようなつめたい風。

② どんなキャラメルですか。
口の中で（あまくとける）キャラメル。

③ キャラメルは、どんな味がしましたか。
胸の中まで、（ほっこりあたたまる味）がした。

物語の読み取り ③

名前　　月　日

● 次の文章を読んで、後の問いに答えましょう。

　それは、いつのころか、てんで、けんとうもつかないほどのおおむかし。

　イ族のある村に、としよりのふうふがすんでいました。ふたりはいつも、

「子どもがほしい、子どもがほしい。」

とおもっていましたが、すっかりこしがまがってしまっても、ア、子どもは、うまれません。

　ある日のこと、おばあさんは、あんまりさびしいので、うらの池のほとりで、じっと考えこんでいました。ひとりでに、なみだがこぼれて、ぽとーんと、池の中におちました。
　イ、池の中から、白いかみの老人があらわれて、
「なぜ、なくのじゃ。」

と、やさしく、たずねました。

（君島 久子やく「王さまと九人のきょうだい」岩波書店）

① どこに、だれが住んでいましたか。
どこに（イ族のある村）
だれが（としよりのふうふ）

② ふたりはいつも何と思っていましたか。
（子どもがほしい。子どもがほしい。）

③ アとイにあうことばを［　］からえらんで、書きましょう。
ア まだ　　イ すると
［やっと　もう　まだ／けれども　すると　しかし］

④ ある日、だれが、どこで、どのように考えこんでいましたか。
だれが（おばあさん）が
どこで（うらの池のほとり）で
どのように（じっと）考えこんでいた。

⑤ おばあさんのさびしい気持ちがわかる文に、線を引きましょう。

⑥ 池の中からあらわれたのは、だれですか。
（白いかみのろう人（老人））

⑦ ⑥の人は、何とたずねましたか。
「なぜ、なくのじゃ。」

物語の読み取り ④

名前　　月　日

① 次の文章を読んで、後の問いに答えましょう。

　ちいさなヌーチェは、北国の男の子です。※ツンドラの野原のテント小屋で、うまれました。

　トナカイのちちをのみ、トナカイとかけっこして、大きくなりました。

　ほっぺたは、野原のはてにのぼるあさ日のようにまっか。目は、氷の下におよぐ魚のように、ぴちぴちひかって、元気な子どもでした。

※ツンドラ…一年のほとんどは、氷がはっていて、夏だけコケなどが生える平原。

（「ヌーチェの水おけ」神沢 利子「二十年前のサンマの化石」小峰書店）

① ヌーチェは、どこでうまれましたか。
（ツンドラの野原のテント小屋）

② どのようにして、大きくなりましたか。
（トナカイのちち）をのみ、（トナカイとかけっこ）して、大きくなった。

③ ヌーチェはどんな子どもですか。
ほっぺたは、まっか。

目は、ぴちぴちひかっている。

元気な子ども。

② 次の文章を読んで、後の問いに答えましょう。

　ナナカマドの実が赤くうれて、秋がきます。そして、カモたちが南へわたると、ツンドラの野原は、白い雪と氷におおわれます。

　いよいよ、アザラシがりのきせつがきました。男たちは、そろって海へでかけました。ちびっこのヌーチェも、りょうにいきたくてなりません。

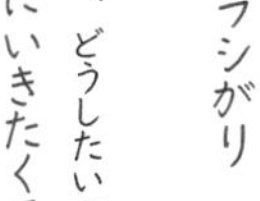

（「ヌーチェの水おけ」神沢 利子「二十年前のサンマの化石」小峰書店）

① 秋がくると、次のものはどうなりますか。
カモたち（南へわたる。）

ツンドラの野原（白い雪と氷におおわれる。）

② いよいよ、何のきせつがきましたか。
（アザラシがり）のきせつ

③ ヌーチェは、どうしたいのですか。
（りょうにいきたくてならない。）

物語の読み取り⑤

名前　　月　日

次の文章を読んで、後の問いに答えましょう。


「あった！」

コウくんのマフラーは、はやしのはずれのくぼみにおちていました。

くさいろのマフラーをとったら、フキノトウが三つ、とけかかったゆきのあいだから、ちょっぴりかおをのぞかせていました。

「あ。」

にこっとして、みんながかおをみあわせました。

ネコヤナギのかたいつぼみがゆれて、ゆきどけのにおいがしました。

（おまえ、□をつれてきてくれたんだな。）と、コウくんは、こころのなかで、北風にいいました。

ヒュルル　ヒュルルルと北風はわらって、海のとおくにふきすぎていきました。

（「くさいろのマフラー」後藤竜二　草土文化）

① おちていたのは、だれのマフラーですか。
（　コウくん　）のマフラー。

② マフラーは、どこにおちていましたか。
（はやしのはずれのくぼみ）におちていた。

③ マフラーをとったら、何がありましたか。
（　フキノトウが三つ　）

④ ③は、どこから見えましたか。
（とけかかったゆきのあいだから）

⑤ 「あ。」と声を出したのは、どうしてでしょう。あうものに〇をつけましょう。
（　）こわくてどきどきしたから
（〇）思いがけないことで、びっくりしたから
（　）わすれていたことを急に思い出したから

⑥ 「みんながかおをみあわせた」のは、なぜですか。あうものに〇をつけましょう。
（〇）うれしかったから
（　）こまったから
（　）うたがっているから

⑦ □には、どのきせつのことばが入りますか。あうものに〇をつけましょう。
（〇）春　（　）夏　（　）秋　（　）冬

⑧ おまえというのはだれですか。
（　北風　）

⑨ ⑧は、どのようにしてふきすぎていきましたか。
（ヒュルル　ヒュルルルとわらって）ふきすぎていった。

説明文の読み取り①

名前　　月　日

1 次の文章を読んで、後の問いに答えましょう。

みかんの葉の上に、アゲハチョウのよう虫を見つけました。それは、黒っぽい色で、小鳥のふんににていました。

① それは、何をさしますか。
アゲハチョウのよう虫

② それは、どんな色で、何ににていましたか。
（　黒っぽい　）色で、（　小鳥のふん　）ににていた。

2 次の文章を読んで、後の問いに答えましょう。

ザリガニの子どもは、生まれてから二週間ぐらいは、お母さんのおなかにくっついてくらします。そこが、子どもにとって、一番安全な場所だからです。

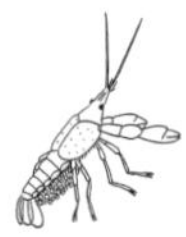

① そこは、何をさしますか。
お母さんのおなか

② ①で、ザリガニの子どもは生まれてから、どのくらいくらしますか。
（　二週間　）ぐらい。

③ 子どもにとって、そこは、どんな場所ですか。
（　一番安全な　）場所。

3 次の文章を読んで、後の問いに答えましょう。

牛にゅうには、体にひつようなえいようが、いろいろふくまれています。そのなかでも、ほねや歯をつくるカルシウムがほうふです。それが、足りないと、いらいらしたり、ほねが弱くなったりします。

① そのは、何をさしますか。
体にひつようなえいよう

② それは、何をさしますか。
カルシウム

③ ②のものは、何をつくりますか。
（　ほねや歯　）をつくる。

④ それが足りないと、どうなりますか。
（いらいらしたり、ほねが弱くなったりする。）

説明文の読み取り ②

名前　　月　　日

❶ 次の文章を読んで、後の問いに答えましょう。

まるはなばちは口をとがらせて、みつをすいます。花粉が、かおやからだにつきます。その花粉を足でそうじして、うしろ足のかごにあつめます。

まるはなばちは、みつや花粉を巣にもちかえり、子どもたちのえさにするのです。


（高家 博成「こすもすと虫たち」新日本出版社）

① まるはなばちは、どのようにして、みつをすいますか。
（口をとがらせて）、みつをすう。

② 花粉は、どこにつきますか。
（かおやからだ）につく。

③ その花粉をどうしますか。
（足でそうじ）して、（うしろ足のかご）にあつめる。

④ まるはなばちは、巣に持ち帰ったみつや花粉を何にしますか。
（子どもたちのえさ）にする。

❷ 次の文章を読んで、後の問いに答えましょう。

ネコの顔の触毛は、広げると顔を取りまく大きな円のような形になります。ネコは、この円の直径と同じはばがある所なら、どこでも通りぬけられます。ネコは、この触毛を使って、通れるかどうかを決めているのです。

また、ネコは、えものを見つけると、見うしなわないように、しっかりと見つめたまま近づきます。ネコは、あごで地面をこするようにして、前足をふみ出します。この時ネコは、足もとを見なくても物にぶつからずに、えものに近づくことができます。ネコは、この触毛を使って、地面をさぐりながら進んでいるのです。


（「ネコのひげ」折井 英治『みんなと学ぶ 小学校国語三年下』学校図書）

① ネコの顔の触毛は、広げるとどんな形になりますか。
（大きな円のような形）

② ネコは、触毛を使って、何を決めているのですか。
（通れるかどうか）

③ ネコは、えものを見つけると、どのように近づきますか。
（見うしなわないように、しっかりと見つめたまま近づく。）

④ ネコが、足もとを見なくても物にぶつからずに、えものに近づくことができるのは、なぜですか。
（触毛を使って、地面をさぐりながら進んでいる　から。）

「なぜですか」と理由を聞かれているから「〜から」と答えているよ

説明文の読み取り ③

名前　　月　　日

● 次の文章を読んで、後の問いに答えましょう。

こすもすの茎に、かまきりがうんだたまごのかたまりがついています。

おや！ たまごにちいさな黒い虫がついていますよ。

おしりにながいくだのあるちいさなはちです。

はちは、かまきりのたまごのにおいをかぎわけると、ながいくだをさしこんで、じぶんのたまごをうみつけます。そのたまごからかえったようちゅうは、かまきりのたまごをたべて大きくなります。□つぎの年の春には親になって、たまごのかたまりからでてきます。

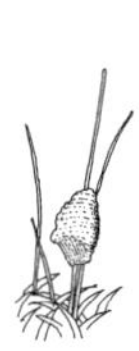

（高家 博成「こすもすと虫たち」新日本出版社）

① かまきりは、どこにたまごをうみましたか。
（こすもすのくき（茎））

② たまごについている虫は、どんな虫ですか。
（小さな黒い）虫で、（おしりにながいくだのあるちいさな）はち

③ はちは、どのようにして、かまきりのたまごを見つけるのですか。
（かまきりの）たまごのにおいをかぎわけて見つける。）

④ はちのようちゅうは、何を食べて大きくなりますか。
（かまきりのたまご）を食べて大きくなる。

⑤ □に入ることばをえらんで、○をつけましょう。
㋐（　）けれども　㋑（　）それとも　㋒（○）そして

⑥ 文章の内ようの順になるように、（　）に番号を書きましょう。
（2）はちがたまごをうみつける。
（4）はちが親になって、たまごのかたまりから出てくる。
（1）かまきりがたまごをうむ。
（3）はちのようちゅうが大きくなる。

説明文の読み取り ④

名前　　　月　　日

次の文章を読んで、後の問いに答えましょう。

1 植物の中には、かれずに冬をすごすものがあります。

2 寒い所でタンポポを見てみると、葉をねかせて地面にはりつけ、四方八方に広げています。このような形をロゼットといいます。

3 なぜ、タンポポはロゼットで冬をすごすのでしょうか。

4 それは、葉を大きく広げると、太陽の光がたくさん当たるからです。□、せがひくいので、つめたい風をさけることもできます。

① このような形とは、どのような形ですか。

葉を（ねかせて地面にはりつけ）、（四方八方）に（広げている）（広げた）形。

② 3と4は、何が書いてありますか。□からえらんで、書きましょう。

3（問い）

4（答え）

実けんしたこと　答え　かんさつしたこと　問い

③ □に入ることばをえらんで、○をつけましょう。

（○）また　（　）しかし　（　）それとも

④ タンポポがロゼットで冬をすごすのは、なぜですか。

葉を（大きく広げる）と、（太陽の光がたくさん当たる）から。

せが（ひくい）ので、（つめたい風をさけることもできる）から。

詩　わたしと小鳥とすずと

名前　　　月　　日

次の詩を読んで、後の問いに答えましょう。

わたしと小鳥とすずと

金子　みすゞ（ず）

わたしが両手をひろげても、
お空はちっともとべないが、
とべる小鳥はわたしのように、
地面をはやくは走れない。
あ

わたしがからだをゆすっても、
きれいな音はでないけど、
あの鳴るすずはわたしのように
たくさんなうたは知らないよ。
い

すずと、小鳥と、それからわたし、
みんなちがって、みんないい。

（『国語三上　わかば』光村図書）

(1) あについて、（　）にあうことばを書きましょう。

① （わたし）と（小鳥）をくらべている。

② わたしが両手をひろげても、（お空はちっともとべない）が、わたしは地面をはやく走れる。

③ 小鳥は、空をとべるが、（地面をはやくは走れない）。

(2) いについて、（　）にあうことばを書きましょう。

① （わたし）と（すず）をくらべている。

② わたしがからだをゆすっても、（きれいな音はでない）けど、わたしはたくさんのうたを知っている。

③ すずは、きれいな音はでるけど、（たくさんなうたは知らない（よ））。

(3) 「が」と同じような使い方をしていることばを、詩の中から見つけましょう。

けど

(4) 作者の思いが強く表れている一行に線を引きましょう。

(5) この詩には、作者のどんな思いがこめられていますか。二つえらんで、○をつけましょう。

（　）この世の中では、わたしたち人間がいちばんえらい。

（○）すべてのものが、一つ一つちがっていて、それぞれによさがある。

（　）みんなが、それぞれ自分勝手なことをしていい。

（○）一人一人が、大切なそんざいである。

詩　夕日がせなかをおしてくる

名前　　月　日

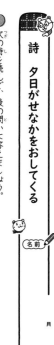

次の詩を読んで、後の問いに答えましょう。

夕日がせなかをおしてくる
阪田 寛夫

夕日がせなかをおしてくる
Ⓐまっかなうででおしてくる
歩くぼくらのうしろから
でっかい声でよびかける
さよなら　さよなら
さよなら　きみたち
ばんごはんがまってるぞ
あしたの朝ねすごすな

Ⓘ夕日がせなかをおしてくる
そんなにおすなあわてるな
ぐるりふりむき太陽に
ぼくらも負けずどなるんだ
さよなら　さよなら
さよなら　太陽
ばんごはんがまってるぞ
あしたの朝ねすごすな

（『国語三上　わかば』光村図書）

① この詩は、いくつのまとまりに分かれていますか。
[二]つの　まとまり

② 一つ目のまとまりは、だれからだれに声をかけているのですか。
（夕日）から（ぼくら）に。

③ 二つ目のまとまりは、だれからだれに声をかけているのですか。
（ぼくら）から（夕日（太陽））に。

④ 「夕日がせなかをおしてくる」とは、どういう意味ですか。
（夕日）が子どもたちの（せなか）に強くあたっている。

⑤ Ⓐとは何のことですか。えらんで、〇をつけましょう。
㋐（　）日やけしたうで
㋑（〇）夕やけの光線
㋒（　）長いかげぼうし

⑥ どんな夕日ですか。えらんで、〇をつけましょう。
㋐（　）らんぼうでこわい
㋑（〇）力強くてやさしい
㋒（　）気が弱くてさびしがりや

⑦ Ⓘから、子どもたちのどんな気持ちがわかりますか。えらんで〇をつけましょう。
㋐（〇）もっと遊んでいたい
㋑（　）早く家に帰りたい
㋒（　）早くばんごはんを食べたい

⑧ この詩には、夕日のことを、人間がしているように表しているところがあります。二つ書きましょう。
・まっかな（うで）で（おしてくる）。
・でっかい（声）で（よびかける）。

物語文　すいせんのラッパ

名前　　月　日

次の文章を読んで、後の問いに答えましょう。


そうです。今日は、すいせんが、今年はじめてラッパをふく日なのです。

なぜラッパをふくかというとね、冬の間ねむっていたかえるたちに、春ですよ起きなさいと知らせてあげるためです。

すいせんは、お日さまの高さをはかったり、風のはやさをしらべたり、ラッパをプーとふいたりして、ときどき、もうすぐだというように、うんうん、うなずきます。

ありたちは、葉っぱの上で、ゆらゆらゆれて、じっとまっています。

あたたかい風が、ささあっとふきわたり、日の光が、一面にちりました。

（うん。今だ！）

すいせんは、大きくいきをすって、金色のラッパをふき鳴らします。

プップ・パッパ・パッパラピー・プウー
すき通った音が、池をわたり、地面をゆさぶり、おかを上って、向こうの空にきえます。ありたちは、目をまん丸にして、うんとせのびをして、まわりを見ました。

……すると、池のそばのつつじのねもとがむくっ。

（あ、あそこだ、あそこだ。）

ありたちは、ひじをつついて、ささやきます。

むくっ。むくむくむくっ。グローブみたいなかえるがとび起きました。


（工藤 直子『新しい国語　三上』東京書籍）

① 今日は、どんな日ですか。
（すいせんが、今年はじめてラッパをふく日。）

「どんな日」と聞かれているので、「〜日」と答えているよ

② すいせんがラッパをふくのは、だれに知らせてあげるためですか。
（冬の間ねむっていたかえるたちに知らせてあげるため。）

③ すいせんは、どんなじゅんびをしていますか。
（お日さまの高さをはかっ）たり、（風のはやさをしらべ）たり、（ラッパをプーとふい）たりして、ときどき、（もうすぐだというように）、うんうん、うなずく。

④ （うん。今だ！）とすいせんが思ったときを表す文を書きましょう。
（あたたかい風が、ささあっとふきわたり、日の光が、一面にちりました。）

⑤ 金色のラッパの音は、どんな音でしたか。
（プップ・パッパ・パッパラピー・プウー）

⑥ すき通った音は、どこを通ってきえましたか。
（池をわたり、地面をゆさぶり、おかを上って、向こうの空にきえた。）

⑦ とび起きたのは、どんなかえるでしたか。
（グローブみたいな　）かえる

物語文　きつつきの商売

名前　　　月　　日

次の文章を読んで、後の問いに答えましょう。


野うさぎは、きつつきのさし出したメニューをじっくりながめて、メニューのいちばんはじっこをゆびさしながら、

「これにするわ。」

と言いました。

ぶなの音です。

「四分音符分、ちょうだい。」

「しょうちしました。では、どうぞこちらへ。」

きつつきは、野うさぎをつれて、ぶなの森にやって来ました。

それから、野うさぎを、大きなぶなの木の下に立たせると、自分は、木のてっぺん近くのみきに止まりました。

「さあ、いきますよ、いいですか。」

きつつきは、木の上から声をかけました。

野うさぎは、きつつきを見上げて、こっくりうなずきました。

「では。」

きつつきは、ぶなの木のみきを、くちばしで力いっぱいたたきました。

コーン。

ぶなの木の音が、ぶなの森にこだましました。

野うさぎは、きつつきを見上げたまま、だまって聞いていました。きつつきも、うっとり聞いていました。

四分音符分よりも、うんと長い時間がすぎてゆきました。


（林原 玉枝「国語三上 わかば」光村図書）

① 野うさぎは、どんなようすで、音をえらびましたか。
メニューを（じっくりながめて）

② 野うさぎは、何をどれだけ注文しましたか。
何を（ぶなの音）
どれだけ（四分音ぶ(符)分）

③ きつつきは、野うさぎを、どこに立たせましたか。
（大きなぶなの木の下）

④ きつつきは、どこに止まりましたか。
（木のてっぺん近くのみき）

⑤ きつつきが、木の上から声をかけると、野うさぎはどうしましたか。
（きつつきを見上げ）て、（こっくりうなずきました）。

⑥ きつつきは、どのようにして、音を出しましたか。
（ぶなの木のみき）を（くちばしで力いっぱいたたきました）。

⑦ ⑥はどんな音でしたか。（コーン）

⑧ ぶなの木の音は、どうなりましたか。
（ぶなの森にこだましました。）

⑨ 野うさぎときつつきが、音にひたっていることがわかる一文を書きましょう。
（四分音ぶ(符)分よりも、うんと長い時間がすぎてゆきました。）

物語文　つり橋わたれ ①

名前　　　月　　日

次の文章を読んで、後の問いに答えましょう。


「やあい、やあい、くやしかったら、つり橋わたって、かけてこい。」

山の子どもたちがはやしました。

トッコは、きゅっとくちびるをかみしめて、ゆれるつり橋を見ました。ふじづるでできた橋の下には、谷川がゴーゴーとしぶきを上げてながれています。

橋はせまいくせに、ずいぶん長くて、人が歩くと、よくゆれます。おまけに、今にもふじづるが切れそうなほど、ギュッ、ギュッと、きしむのです。だから、さすがにまけずぎらいなトッコも、足がすくんでしまいました。

「やあい、ゆう気があったら、とっとわたれ。」


（長崎 源之助「みんなと学ぶ 小学校国語三年上」学校図書）

① だれが、だれをはやしましたか。
だれが（山の子どもたち）が
だれを（トッコ）をはやした。

② 「きゅっとくちびるをかみしめて」から、トッコのどんな気持ちがわかりますか。あうものに一つ、○をつけましょう。
（　）一人になったので、つまらない。

（　）ようし、がんばるぞ。

（○）はやされて、くやしい。

③ 谷川は、どんなようすでながれていますか。
（ゴーゴー）と（しぶきを上げて）ながれている。

④ どんな橋ですか。
せまいくせに、（ずいぶん長く）て、人が歩くと（よくゆれます）。今にも（ふじづるが切れそうな）ほど、（ギュッ、ギュッと、きしむ）。

⑤ トッコのせいかくを表すことばを、上の文章から見つけましょう。
まけずぎらい

⑥ 「足がすくんでしまいました」は、どんなようすですか。あうものに一つ、○をつけましょう。
（　）歩きすぎて、足がいたい。

（○）こわくて、足が一歩も出ない。

（　）速すぎて、追いつけない。

物語文　つり橋わたれ ②

名前　　月　日

● 次の文章を読んで、後の問いに答えましょう。

トッコはびっくりして、思わず目をつむりました。

そして、こわごわ目をあけると、そばに、かすりの着物を着た男の子が立っていたのです。

あ「あら、あんた、いつ来たの。」

と、トッコがきくと、男の子は、

「あら、あんた、いつ来たの。」

と言って、にっこりしました。

「おかしな子ね。」

「こらっ、まねするな。」

トッコが手をふり上げると、男の子は、

「こらっ、まねするな。」

と言って、にげました。

「まねすると、ぶつわよ。」

「まねすると、ぶつわよ。」

男の子は、わらいながら、つり橋をトントンかけていきました。

トッコも、知らないうちに、つり橋をトントンわたっていました。つり橋はゆれましたが、トッコは、もうこわいと思いませんでした。

（長崎 源之助「みんなと学ぶ 小学校国語三年上」学校図書）

① トッコはびっくりして、どうしましたか。

（思わず目をつむった。）

② こわごわ目をあけると、そばに、だれが立っていましたか。

（かすりの着物）を着た（男の子）が立っていた。

③ あと、トッコが聞くと、男の子は何と言いましたか。

「あら、あんた、いつ来たの。」

④ 男の子は、③と言ってどうしましたか。

（にっこりした。）

⑤ トッコは、なぜ「おかしな子ね。」と言ったのですか。□□にあうことばを、上の文章から見つけましょう。

男の子が、トッコのことばを まね したから。

⑥ 男の子は、どうしながら、つり橋をかけていきましたか。

（わらいながら）、かけていった。

⑦ ⑥の後、トッコは、どうしていましたか。

トッコも（知らないうち）に、（つり橋をトントンわたっていました。）

⑧ ⑦のとき、トッコは、どんな思いでしたか。

（つり橋）が（ゆれ）ても（もうこわいと思いませんでした）。

物語文　まいごのかぎ

名前　　月　日

● 次の文章を読んで、後の問いに答えましょう。

ふり向くと、バスが十何台も、おだんごみたいにぎゅうぎゅうになって、やって来るのです。

「わたしが、時こく表をめちゃくちゃにしたせいだ。」

どうしよう。もう、交番にも行けない。おまわりさんにしかられる。りいこは、かぎをぎゅっとにぎりしめて、立ちすくんでしまいました。

きみょうなことは、さらにおこりました。つながってきたバスが、りいこの前で止まり、クラクションを、ファ、ファ、ファーン、と、がっそうするように鳴らしたのです。そして、リズムに合わせて、くるくると、向きや順番をかえはじめました。りいこは、目をぱちぱちしながら、そのダンスに見とれていました。

「なんだか、とても楽しそう。」

そして、はっと気づいたのです。もしかしたら、あのさくらの木も、楽しかったのかもしれない。どんぐりの実をつけたのは、きっと春がすぎても、みんなと遊びたかったからなんだ。ベンチも、たまには公園でねころびたいだろうし、あじだって、いちどは青い空をとびたかったんだ。

「みんなも、すきに走ってみたかったんだね。」

しばらくして、バスはまんぞくしたかのように、一台一台といつもの路線に帰っていきました。

（斉藤 倫「国語三上 わかば」光村図書）

① りいこは、バスがたくさんやって来たのは、なぜだと思いましたか。

（わたしが、時こく表をめちゃくちゃにしたせいだと思った。）

② どうしようと、こまっていることがわかるところに線を引きましょう。

③ きみょうなこととは、どんなことですか。

バスが、クラクションを、（がっそうするように鳴ら）し、（リズムに合わせ）て、（向き）や（順番）をかえはじめた。

④ 見とれていたのは、どう思ったからですか。

（なんだか、とても楽しそうと思ったから。）

⑤ はっと気づいたのは、何ですか。

さくらの木…どんぐりの実をつけたのは、（きっと春がすぎても、みんなと遊びたかったから。）

ベンチ…（たまには公園でねころびたい。）

あじ…（いちどは青い空をとびたかった。）

⑥ りいこは、バスがしたかったことを何だと思いましたか。

（すきに走ってみたかった。）

物語文　はりねずみと金貨

名前　　　月　　日

次の文章を読んで、後の問いに答えましょう。

子ぐまははりねずみにおいつくと、いきもつかずに話しだしました。

「おじいさん、ぼく、冬ごもりするんだよ！　葉っぱを、たくさんたくさんしいて、お母さんといっしょに木の下で。だから春まで会えないの。それでおやすみ言いにきたの。春になって目がさめたら、またいろんなお話聞かせてね。」

そして、まだ目をぱちくりしているはりねずみに、

「はい。これお母さんから。」

と、小さなはちみつのつぼを手わたすと、また、もと来た方へかけていきました。

「きっとだよ！」

子ぐまが見えなくなるまで、じっと見おくっていたはりねずみが、ふと気づくと、それは今朝、金貨を拾ったあたりでした。

はりねずみは手の中の金貨を見ながら、考えました。

（金貨は取っときなよ……か。じゃが、何のために？　ほしきのこはあるし、新しいくつもある。あったかいくつ下に、はちみつまであるというのに。）

はりねずみはしばらく金貨を手の中でころがしていましたが、やがて、それを道ばたにおき、わが家へ向かって歩きだしました。

「だれかの役に立つかもしれんしな。」

（ウラジーミル・オルロフ文　田中潔やく『新しい国語　三上』東京書籍）

① 子ぐまが話しだしたことを書きましょう。

子ぐまが（　冬ごもりする　）こと。

だから（　春まで会えない　）こと。

それで（おやすみを言いにきた）こと。

② 子ぐまが手わたしたものは、何でしたか。

（　小さなはちみつのつぼ　）

③ 「きっとだよ！」とは、何のことですか。

春になって（　目がさめたら　）、また（いろんなお話を聞かせてほしい）ということ。

④ はりねずみが、金貨を見ながら考えたことは、どういうことですか。（　）にことばを書きましょう。

金貨を取っておくのは（何のために？）

（ほしきのこはある）し、

（　新しいくつも　）ある。

（あったかいくつ下）に、

（はちみつまである）というのに。

⑤ はりねずみは、やがて、金貨をどうしましたか。

（　道ばたにおいた。　）

⑥ はりねずみが⑤のようにしたのは、なぜでしょう。

（　だれかの役に立つかもしれないから。　）

「なぜでしょう」と理由を聞かれているので、「～から」と答えているよ

物語文　サーカスのライオン ①

名前　　　月　　日

次の文章を読んで、後の問いに答えましょう。

1 男の子は、チョコレートのかけらをさし出した。

「さあ、お食べよ。ぼくと半分こだよ。」

2 じんざは、チョコレートはすきではなかった。けれども、目を細くして受け取った。ⓐじんざはうれしかったのだ。

3 それから男の子は、毎日やってきた。

4 じんざは、もうねむらないでまっていた。やってくるたびに、男の子はチョコレートを持ってきた。そして、お母さんのことを話して聞かせた。じんざはのり出して、うなずいて聞いていた。

5 □、サーカスがあしたで終わるという日、男の子はⓘいきをはずませてとんできた。

「お母さんがね、もうじき、たい院するんだよ。それにおこづかいもたまったんだ。あしたサーカスに来るよ。火の輪をくぐるのを見に来るよ。」

6 男の子が帰っていくと、じんざの体に力がこもった。目がぴかっと光った。

「……ようし、あした、わしはわかいときのように、火の輪を五つにしてくぐりぬけてやろう。」

（川村たかし『新しい国語　三年上』東京書籍）

① ⓐのようすがよくわかる文を書きましょう。

けれども、

（　目を細くして受け取った　）。

② 男の子へのじんざの気持ちが、よくわかる文を4から二つ書きましょう。

じんざは、

（もうねむらないでまっていた）。

じんざは、

（のり出して、うなずいて聞いていた）。

③ □にあうことばを一つえらんで、○をつけましょう。

（○）いよいよ　（　）ますます　（　）いつも

④ ⓘは、なぜですか。あうものを一つえらんで、○をつけましょう。

（　）じんざに早くわかれを言いたいから。

（○）じんざに早く知らせたいことがあるから。

（　）じんざに会うのが、いつもよりおそくなったから。

⑤ 男の子が話したことを、二つ書きましょう。

お母さんが、

（もうじき、たい院する）こと。

おこづかいがたまったので、

（あしたサーカスに来る）こと。

⑥ じんざは、あした何をしようと決意しましたか。

（（わかいときのように、）火の輪を五つにしてくぐりぬけてやろう。）

物語文　サーカスのライオン　②

名前　　月　日

次の文章を読んで、後の問いに答えましょう。

「なあに。わしは火には、なれていますのじゃ。」

けれども、ごうごうとふき上げるほのおはかいだんをはい上り、けむりはどの部屋からもうずまいてふき出ていた。

じんざは足を引きずりながら、男の子の部屋までたどり着いた。

部屋の中で、男の子は気をうしなってたおれていた。じんざはすばやくだきかかえて、外へ出ようとした。けれども、表はもう、ほのおがぬうっと立ちふさがってしまった。

④の答え

石がきの上のまどから首を出したじんざは、思わず身ぶるいした。高いので、さすがのライオンもとび下りることはできない。

ウォーッ

じんざは力のかぎりほえた。

（川村 たかし『新しい国語 三年上』東京書籍）

① 火事のはげしいようすを書きましょう。
ほのお（ごうごうとふき上げる）
けむり（どの部屋からもうずまいてふき出る）

② 男の子は、どこで、どうしていましたか。
どこで（部屋の中）で、
どうしていた（気をうしなってたおれていた）

③ ②を見たじんざは、どうしましたか。
（すばやくだきかかえて、外へ出ようとした。）

④ 表のようすが書かれているところに、線を引きましょう。

⑤ 思わず身ぶるいしたのは、なぜですか。
高いので、じんざでも（とび下りることはできない）から。

⑥ 〰とは、どんな声でほえたのですか。一つえらんで、○をつけましょう。
（　）とても大きなきれいな声
（○）これ以上出ないほどの声

⑦ 「ウォーッ」には、じんざのどんな思いがこめられていますか。二つえらんで、○をつけましょう。
（　）火がこわい。もうだめだ。
（○）何があっても、この子だけは助けるぞ。
（○）だれか早く気づいてくれ。ここに子どもがいるんだ。
（　）わしは、火の輪を五つにしてくぐりぬけるぞ。

物語文　わすれられないおくりもの　①

名前　　月　日

次の文章を読んで、後の問いに答えましょう。

あなぐまは、かしこくて、いつもみんなにたよりにされています。こまっている友達は、だれでも、きっと助けてあげるのです。それに、大変年をとっていて、知らないことはないというぐらい、もの知りでした。あなぐまは、自分の年だと、死ぬのがそう遠くはないことも、知っていました。

あなぐまは、㋐死ぬことをおそれてはいません。死んで体がなくなっても、心はのこることを知っていたからです。だから、前のように体がいうことをきかなくなっても、くよくよしたりしませんでした。ただ、あとにのこしていく友達のことが気がかりで、自分がいつか㋑長いトンネルの向こうに行ってしまっても、あまり悲しまないようにと、言っていました。

ある日のこと、あなぐまは、もぐらとかえるのかけっこを見に、おかに登りました。その日は、とくに年をとったような気がしました。あと一度だけでも、みんなといっしょに走れたらと思いましたが、あなぐまの足では、もう無理なことです。それでも、友達の楽しそうな様子をながめているうちに、自分も幸せな気もちになりました。

（スーザン・バーレイ 文／小川仁央 やく『ひろがる言葉 小学国語 三上』教育出版）

① どんなあなぐまですか。
かしこくて、いつも（みんなにたよりにされている）。
こまっている友達は、だれでも、（きっと助けてあげる）。
大変（年をとっていて）、知らないことはないというぐらい、（もの知りだった。）

② ㋐というのは、なぜですか。
（死んで体がなくなって）も、（心はのこることを知っていた）から。

③ あなぐまは、何が気がかりだったのですか。
（あとにのこしていく友だち（達））のこと。

④ ㋑は、どんな意味ですか。あうものに、○をつけましょう。
（○）死んでしまうこと。
（　）遠いよその村に行くこと。

⑤ あなぐまは、自分が行ってしまっても、どうするようにと、言っていましたか。
（あまり悲しまないように）と、言っていた。

⑥ あなぐまは何を見に、おかに登りましたか。
（もぐらとかえるのかけっこ）

⑦ ⑥を見て、あなぐまはどう思いましたか。
（あと一度だけでも、みんなといっしょに走れたら）と思った。

⑧ なぜ、あなぐまは幸せな気持ちになったのですか。わかる所に、線を引きましょう。

物語文　わすれられないおくりもの ②

名前　　月　日

次の文章を読んで、後の問いに答えましょう。

みんなだれにも、なにかしら、あなぐまの思い出がありました。あなぐまは、一人一人に、わかれたあとでもたからものとなるような、ちえやくふうをのこしてくれたのです。みんなは、それで、たがいに助け合うこともできました。

最後の雪が消えたころ、あなぐまがのこしてくれたもののゆたかさで、みんなの悲しみも、消えていました。あなぐまの話が出るたびに、だれかがいつも、楽しい思い出を、話すことができるようになったのです。

あるあたたかい春の日に、もぐらは、いつかかえるとかけっこをしたおかに登りました。もぐらは、あなぐまがのこしてくれた、おくりもののお礼が言いたくなりました。

「ありがとう、あなぐまさん。」

もぐらは、なんだか、そばであなぐまが、聞いていてくれるような気がしました。

そうですね――きっとあなぐまに――聞こえたにちがいありませんよね。

（スーザン・バーレイ 文／小川 仁央 やく「ひろがる言葉 小学国語 三上」教育出版）

① 「一人一人に」と同じ意味のことばを、上の文章の中からさがして、書きましょう。

みんなだれにも

② あなぐまは、一人一人に、何をのこしてくれましたか。

（わかれたあとでもたからものとなるような、ちえやくふう。）

③ できましたとは、どうすることですか。

（たがいに助け合う）こと。

④ 最後の雪が消えたころ、何が消えましたか。

（みんなの悲しみ）

⑤ みんなが話すことができるようになったのは、何ですか。

（（あなぐまとの）楽しい思い出）

⑥ もぐらは、いつ、どこに登りましたか。

いつ（あるあたたかい春の日）

どこに（いつかかえるとかけっこをしたおか）

⑦ もぐらは、何のお礼を言いたくなりましたか。

あなぐまがのこしてくれた、（おくりもの）へのお礼。

⑧ もぐらは、どんな気がしましたか。

（なんだか、そばであなぐまが、聞いていてくれるような気がした。）

物語文　ちいちゃんのかげおくり ①

名前　　月　日

次の文章を読んで、後の問いに答えましょう。

ちいちゃんとお兄ちゃんを中にして、四人は手をつなぎました。そして、みんなで、かげぼうしに目を落としました。

「まばたきしちゃ、だめよ。」

と、お母さんがちゅういしました。

「まばたきしないよ。」

ちいちゃんとお兄ちゃんが、やくそくしました。

「ひとうつ、ふたあつ、みいっつ。」

と、お父さんが数えだしました。

「ようっつ、いつうつ、むうっつ。」

と、お母さんの声もかさなりました。

「ななあつ、やあっつ、ここのうつ。」

ちいちゃんとお兄ちゃんも、いっしょに数えだしました。

「とお。」

目の動きといっしょに、白い四つのかげぼうしが、すうっと空に上がりました。

「すごうい。」

と、お兄ちゃんが言いました。

「すごうい。」

と、ちいちゃんも言いました。

「今日の記念写真だなあ。」

と、お父さんが言いました。

「大きな記念写真だこと。」

と、お母さんが言いました。

次の日、お父さんは、白いたすきをかたからななめにかけ、日の丸のはたに送られて、列車に乗りました。

（あまん きみこ「国語三下 あおぞら」光村図書）

① 「目を落としました。」とは、どうしたのですか。

下にある（かげぼうし）を（見た）。

② ちいちゃんとお兄ちゃんは、何をやくそくしましたか。

（まばたきしない）こと。

③ 数を数えだしたじゅんに、家族を書きましょう。

（お父さん）→（お母さん）→（ちいちゃんとお兄ちゃん）

④ みんなで数を数えだしたことから、家族のどんなようすがわかりますか。一つえらんで、○をつけましょう。

（　）自分のことばかり考えている。

（　）明るくて、にぎやかである。

（○）心がつながっていて、なかがいい。

⑤ 「とお。」と数えると、どうなりましたか。

（白い四つのかげぼうしがすうっと空に上がった。）

⑥ お兄ちゃんとちいちゃんの気持ちがわかる言葉を書きましょう。

「すごうい。」

⑦ 「今日」とは、どんな日ですか。

お父さんが戦争に行く（前）の日。

⑧ お母さんは何と言いましたか。

「大きな記念写真だこと。」

物語文　ちいちゃんのかげおくり　②

名前　　　月　　日

次の文章を読んで、後の問いに答えましょう。


　夏のはじめのある夜、くうしゅうけいほう※のサイレンで、ちいちゃんたちは目がさめました。

「さあ、急いで。」

お母さんの声。

　外に出ると、もう、赤い火が、あちこちに上がっていました。

㋐お母さんは、ちいちゃんとお兄ちゃんを両手につないで、走りました。

　風の強い日でした。

「こっちに火が回るぞ。」

「川の方ににげるんだ。」

だれかがさけんでいます。

　風があつくなってきました。ほのおのうずが追いかけてきます。㋑お母さんは、ちいちゃんをだき上げて走りました。

「お兄ちゃん、はぐれちゃだめよ。」

お兄ちゃんがころびました。足から血が出ています。ひどいけがです。㋒お母さんは、お兄ちゃんをおんぶしました。

「さあ、ちいちゃん、母さんとしっかり走るのよ。」

　けれど、たくさんの人に追いぬかれたり、ぶつかったり——、ちいちゃんは、㋓お母さんとはぐれました。

「お母ちゃん、お母ちゃん。」

ちいちゃんはさけびました。

※くうしゅうけいほう…てきのひこうきによるこうげきを知らせる合図

（あまん　きみこ『国語三下　あおぞら』光村図書）

① ちいちゃんたちは、何で目がさめましたか。
（くうしゅうけいほうのサイレン）

② 外に出ると、どうなっていましたか。
（もう、赤い火が、あちこちに上がっていた。）

③ ㋐お母さんは、どうしましたか。
（ちいちゃんとお兄ちゃんを両手につないで、走った。）

④ 火が回って、せまってきていることがわかる文を二つ書きましょう。
（風があつくなってきました）。

（ほのおのうずが追いかけてきます）。

⑤ ㋑お母さんは、どうしましたか。
（ちいちゃんをだき上げて走った。）

⑥ ㋒お母さんが、お兄ちゃんをおんぶしたのは、なぜですか。
（お兄ちゃんがころんで、足から血が出たから。）

⑦ ちいちゃんが、㋓お母さんとはぐれたのは、どうしてですか。
（たくさんの人に追いぬかれたり、ぶつかったりしたから。）

⑧ ちいちゃんはさけびましたから、どんなようすがわかりますか。
（〈れい〉ひっしでお母さんをさがしているようす。）

物語文　三年とうげ　①

名前　　　月　　日

次の文章を読んで、後の問いに答えましょう。


　お日様が西にかたむき、夕やけ空がだんだん暗くなりました。

　㋐ところがたいへん。あんなに気をつけて歩いていたのに、おじいさんは、石につまずいて転んでしまいました。おじいさんは真っ青になり、がたがたふるえました。

　家にすっとんでいき、おばあさんにしがみつき、㋑おいおいなきました。

「ああ、どうしよう、どうしよう。わしのじゅみょうは、あと三年じゃ。三年しか生きられぬのじゃあ。」

　その日から、おじいさんは、ごはんも食べずに、ふとんにもぐりこみ、とうとう病気になってしまいました。お医者をよぶやら、薬を飲ませるやら、おばあさんはつきっきりで看病しました。□、おじいさんの病気はどんどん重くなるばかり。村の人たちもみんな心配しました。


（李錦玉『国語三年下　あおぞら』光村図書）

① ㋐とは、だれが、どんなわけで、どうしたのですか。
だれが（おじいさん）
どんなわけで（石につまずいて）
どうした（転んでしまった）

② ①のあと、おじいさんのようすを表す文を書きましょう。
（おじいさんは真っ青になり、がたがたふるえました。）

③ おじいさんが気をつけていたのは、どんなことですか。
（転ばないように）歩くこと。

④ ㋑とは、どんなき方ですか。一つえらんで、○をつけましょう。
（　）声をたてずに、よわよわしくなく。

（　）なみだをぽろぽろ流してなく。

（○）声をあげて、はげしくなく。

⑤ ④のようにないたのは、なぜですか。
（あと三年しか生きられない）から。

⑥ おじいさんは、どうなってしまいましたか。
（とうとう病気になってしまった。）

⑦ □には、どんなことばが入りますか。一つえらんで、○をつけましょう。
（　）そうして
（○）けれども
（　）やがて

物語文　三年とうげ ②

名前　　月　　日

次の文章を読んで、後の問いに答えましょう。

おじいさんの病気はどんどん重くなるばかり。村の人たちもみんな心配しました。

そんなある日のこと（あ）、水車屋※のトルトリが、みまいに来ました。

「おいらの言うとおりにすれば（い）、おじいさんの病気はきっとなおるよ。」

「どうすればなおるんじゃ。」

おじいさんは、ふとんから顔を出しました。

「なおるとも。三年とうげで、もう一度転ぶんだよ。」

「ばかな。わしに、もっと早く死ねと言うのか。」

「そうじゃないんだよ（う）。一度転ぶと、三年生きるんだろ。二度転べば六年、三度転べば九年、四度転べば十二年。このように、何度も転べば、ううんと長生きできるはずだよ。」

おじいさんは、しばらく考えていましたが、うなずきました（え）。

「うん、なるほど、なるほど。」

そして、ふとんからはね起きると、三年とうげに行き、わざとひっくり返り、転びました。

※水車を使い米や麦をこなにひく仕事をしている人

（李錦玉「国語三年下　あおぞら」光村図書）

① あの意味として、よいものはどれですか。一つえらんで、〇をつけましょう。

（　）おじいさんが三年とうげで転んだ日。
（〇）おじいさんの病気が重くなっている日。
（　）トルトリがみまいに来た日。

② トルトリは、どんな気持ちでみまいに来ましたか。えらんで、〇をつけましょう。

（　）きっと、おじいさんはなおらない。
（〇）ぜったいなおってほしい。

③ いとは、どうすることですか。

（三年とうげで、もう一度転ぶこと。）

④ うの「そう」は、どの文をさしていますか。（、と。も入れます）

わしに、もっと早く死ねと言うのか。

⑤ えとは、どんな考えにうなずいたのですか。

（何度も転べば、ううんと長生きできるはずだという考え。）

⑥ うなずいたおじいさんは、どうしましたか。それがわかる文に、線を引きましょう。

物語文　モチモチの木 ①

名前　　月　　日

次の文章を読んで、後の問いに答えましょう。

全く、豆太ほどおくびょうなやつはない。もう五つにもなったんだから、夜中に、一人でせっちん※1ぐらいに行けたっていい。

ところが、豆太は、せっちんは表にあるし、表には大きなモチモチの木がつっ立っていて、空いっぱいのかみの毛をバサバサとふるって、両手を「わあっ。」とあげるからって、夜中には、じさまについてってもらわないと、一人じゃしょうべんもできないのだ。

じさまは、ぐっすりねむっている真夜中に、豆太が「じさまぁ。」って、どんなに小さい声で言っても、「しょんべんか。」と、すぐ目をさましてくれる。いっしょにねている一まいしかないふとんを、ぬらされちまうよりいいからなぁ。

それに、とうげのりょうし小屋に、自分とたった二人でくらしている豆太が、かわいそうで、かわいかったからだろう。

けれど、豆太のおとうだって、くまと組みうちして、頭をぶっさかれて死んだほどのきもすけ※2だったし、じさまだって、六十四の今、まだ青じし※3を追っかけて、きもをひやすような岩から岩へのとびうつりだって、見事にやってのける。

それなのに、どうして豆太だけが、こんなにおくびょうなんだろうか——。

※1 せっちん…べんじょのこと
※2 きもすけ…どきょうのある人のこと
※3 青じし…かもしかのこと

（斎藤隆介「国語三下　あおぞら」光村図書）

① 語り手は、豆太のことをどう言っていますか。

豆太ほど（おくびょうなやつはない）。

② ①のように言うのは、なぜですか。

もう（五つにもなった）のに、夜中に、（一人でせっちん）にも行けないから。

③ 豆太には、モチモチの木がどんなふうに見えるのですか。

（空いっぱいの かみの毛をバサバサとふるって、両手を「わあっ。」とあげているように見える。）
（あげてくる）

④ 豆太が「じさまぁ。」って、どんなに小さい声で言っても、じさまは、どうしてくれますか。

（すぐ目をさましてくれる。）

⑤ じさまは、豆太のことをどう思っていましたか。

（かわいそうで、かわいかった）

⑥ 豆太のおとうやじさまは、どんな人ですか。一つえらんで、〇をつけましょう。

（　）おくびょうな人
（　）こわい人
（〇）どきょうのある人

物語文　モチモチの木　②

名前　　　月　日

次の文章を読んで、後の問いに答えましょう。

モチモチの木ってのはな、豆太がつけた名前だ。小屋のすぐ前に立っている、でっかいでっかい木だ。

秋になると、茶色いぴかぴか光った実を、いっぱいふり落としてくれる。その実を、じさまが、木うすでついて、石うすでひいてこなにする。こなにしたやつをもちにこね上げて、ふかして食べると、ほっぺたが落っこちるほどうまいんだ。

「やい、木ぃ、モチモチの木ぃ、実ぃ落とせぇ。」

なんて、昼間は木の下に立って、かた足で足ぶみして、いばってさいそくしたりするくせに、夜になると、豆太はもうだめなんだ。木がおこって、両手で、「お化けぇ。」って、上からおどかすんだ。夜のモチモチの木は、そっちを見ただけで、もう、しょんべんなんか出なくなっちまう。

じさまが、しゃがんだひざの中に豆太をかかえて、

「ああ、いい夜だ。星に手がとどきそうだ。おく山じゃぁ、しかやくまめらが、鼻ぢょうちん出して、ねっこけて※やがるべ。それ、シイーッ。」

って言ってくれなきゃ、とっても出やしない。

※ねっこけて…ねむりこけて

（斎藤 隆介「国語三下 あおぞら」光村図書）

① モチモチの木は、どんな木ですか。

小屋のすぐ前に立っている、（　でっかいでっかい　）木。

② どうして、モチモチの木とよぶのですか。

茶色い（　実　）を、（じさま）が（木うす）でついて、（石うす）でひいて（こな）にして、それを（もち）にこねあげ、ふかして食べるから。

③ 食べると、どのくらいおいしいのですか。

（ほっぺたが落っこちるほど）うまい。

④ 豆太は、昼間はモチモチの木にどんなふうにしますか。

かた足で足ぶみして、

（いばってさいそくしたり）する。

⑤ 豆太は、夜のモチモチの木がどうすると思っていますか。

木が（　おこって　）、両手で

「（　お化けぇ　）。」って、おどろかす。

⑥ 夜になると、豆太がだめになることがわかる部分に、線を引きましょう。

⑦ じさまは、なぜ～～の話をするのですか。一つえらんで、〇をつけましょう。

（〇）豆太がこわがらないように。

（　）豆太が早くねむれるように。

（　）豆太がしょんぼりしないように。

物語文　モチモチの木　③

名前　　　月　日

次の文章を読んで、後の問いに答えましょう。

豆太は、真夜中に、ひょっと目をさました。頭の上で、㋐くまのうなり声が聞こえたからだ。

「じさまぁっ。」

むちゅうでじさまにしがみつこうとしたが、じさまはいない。

「ま、豆太、心配すんな。じさまは、じさまは、㋑ちょっとはらがいてえだけだ。」

まくら元で、くまみたいに体を丸めてうなっていたのは、じさまだった。

「じさまっ。」

こわくて、びっくらして、豆太はじさまにとびついた。けれども、じさまは、ころりとたたみに転げると、歯を食いしばって、ますますすごくうなるだけだ。

「医者様を、よばなくっちゃ。」

豆太は小犬みたいに体を丸めて、表戸を体でふっとばして走りだした。

㋒ねまきのまんま。はだしで。半道※もあるふもとの村まで――。

外はすごい星で、月も出ていた。とうげの下りの坂道は、一面の真っ白い霜で、㋓雪みたいだった。霜が足にかみついた。足からは血が出た。豆太は、なきなき走った。いたくて、寒くて、こわかったからなぁ。

でも、大すきなじさまの死んじまうほうが、もっとこわかったから、なきなきふもとの医者様へ走った。

※半道…やく二キロメートル

（斎藤 隆介「国語三下 あおぞら」光村図書）

① ㋐の正体は何でしたか。（　）に書き入れましょう。

（まくら元）で、（　くま　）みたいに体を丸めてうなっていた（じさま）。

② じさまが㋑と言ったのは、なぜですか。

豆太を（心配）させたくなかったから。

③ じさまのはらいたがひどくなっていくことがわかる文に、線を引きましょう。

④ 豆太は、医者様をよぶために、どうしましたか。

（小犬みたいに体を丸めて）、表戸を（体でふっとばして走りだした）。

⑤ ㋒から、どんなことがわかりますか。一つえらんで、〇をつけましょう。

（　）豆太がねぼけていること。

（　）豆太がびっくりしてあわてていること。

（〇）豆太がひっしで急いでいること。

⑥ ㋓に見えたのは、何ですか。

（　一面の真っ白い霜（しも）。　）

⑦ 足から血が出たのは、なぜですか。

霜が（　足にかみついた　）から。

⑧ 豆太がなきなき走った一番の理由は何ですか。

（大すきなじさまの死んでしまうほうが、もっとこわかったから。）

理由を聞かれているので、「～から」と答えているよ

説明文　こまを楽しむ

名前　　月　日

次の文章を読んで、後の問いに答えましょう。

日本は、世界でいちばんこまのしゅるいが多い国だといわれています。では、どんなこまがあるのでしょう。また、どんな楽しみ方ができるのでしょう。

　色がわりごまは、回っているときの色を楽しむこまです。こまの表面には、もようがえがかれています。ひねって回すと、もように使われている色がまざり合い、元の色とちがう色にかわるのがとくちょうです。同じこまでも、回すはやさによって、見える色がかわってきます。

　鳴りごまは、回っているときの音を楽しむこまです。こまのどうは大きく、中がくうどうになっていて、どうの横には、細長いあなが空いています。ひもを引っぱって回すと、あなから風が入りこんで、ボーッという音が鳴ります。その音から、うなりごまともよばれています。

　さか立ちごまは、とちゅうから回り方がかわり、その動きを楽しむこまです。このこまは、ボールのような丸いどうをしています。指で心ぼうをつまんで、いきおいよく回すと、はじめはふつうに回るのですが、回っていくうちに、だんだんかたむいていきます。そして、さいごは、さかさまにおき上がって回ります。

（安藤 正樹「国語三上 わかば」光村図書）

① この文章の問いを二つ書きましょう。
（日本にはどんなこまがあるのでしょう）
（日本のこまは、どんな楽しみ方ができるのでしょう）

② 色がわりごまは、何を楽しむこまですか。
（回っているときの色）

③ 色がわりごまを回すと、どうなりますか。
（もように使われている色がまざり合い、元の色とちがう色にかわる。）

④ 同じこまでも、何で見える色がかわりますか。
（回すはやさ）

⑤ 鳴りごまは、何を楽しむこまですか。
（回っているときの音）

⑥ 鳴りごまを回すと、どうなりますか。
（どうの横のあなから風が入りこんで、ボーッという音が鳴る。）

⑦ 鳴りごまが、「うなりごま」ともよばれるのは、なぜですか。
（ボーッという音）から。

⑧ さか立ちごまは、回すと、どうなりますか。
はじめは（ふつうに回る）。
だんだん（かたむいていく）。
さいごは（さかさまにおき上がって回る）。

説明文　自然のかくし絵 ①

名前　　月　日

次の文章を読んで、後の問いに答えましょう。

　木のみきにとまったはずのセミや、草のしげみに下りたはずのバッタを、ふと見うしなうことがあります。

　セミやバッタは、木のみきや草の色と見分けにくい色をしています。まわりの色と見分けにくい体の色は、てきから身をかくすのに役立ちます。身をかくすのに役立つ色のことをほご色といいます。

　こん虫は、ほご色によって、どのようにてきから身をかくしているのでしょうか。

　たとえば、コノハチョウの羽は、表はあざやかな青とオレンジ色ですが、うらは、かれ葉のような色をしています。それに、羽をとじたときの形も木の葉そっくりです。そのため、木のえだにとまっていると、えだにのこったかれ葉と見分けがつきません。

（矢島 稔「新しい国語 三上」東京書籍）

① セミやバッタを見うしなったのは、どこですか。
セミ（木のみき）
バッタ（草のしげみ）

② セミやバッタを見うしなうのは、なぜですか。
（木のみきや草の色と見分けにくい色をしているから。）

③ ②は、どんなことに役立ちますか。
（てきから身をかくすこと。）

④ 「ほご色」とは、どんな色のことですか。
（身をかくすのに役立つ）色のこと。

⑤ コノハチョウの羽の表は、どんな色をしていますか。
（あざやかな）青と（オレンジ色）

⑥ コノハチョウの羽のうらは、どんな色をしていますか。
（かれ葉のような　色）

⑦ コノハチョウが羽をとじたときの形は、どんなふうになっていますか。
（木の葉そっくり）

⑧ コノハチョウが木のえだにとまっていると、何と見分けがつかないのですか。
（えだにのこったかれ葉）

「なぜですか」と理由を聞かれているので「〜から」と答えているよ

説明文　自然のかくし絵　②

名前　　　月　　日

次の文章を読んで、後の問いに答えましょう。

こん虫をかんさつしてみると、一日のうちのきまった時間だけ活動し、ほかの時間はじっと休んでいます。多くのこん虫は、この長い時間休む場所の色に、にた色をしています。じっとしているかぎり、ほご色は、身をかくすのに役立ちます。

□、こん虫が自分の体の色と同じような色をした所にいたとしても、動いたときなどには、鳥やトカゲに食べられてしまうことがあります。鳥やトカゲなどは、ちょっとした動作を見のがさない、するどい目を持っているからです。

このように、ほご色は、どんな場合でも役立つとはかぎりませんが、てきにかこまれながらこん虫が生きつづけるのに、ずいぶん役立っているのです。ほご色は、自然のかくし絵だということができるでしょう。

（矢島 稔「新しい国語 三上」東京書籍）

① こん虫をかんさつしてみて、どんなことがわかりましたか。
決まった時間だけ［活動］し、ほかの時間は［じっと休んで］いる。

② 多くのこん虫は、どんな場所の色に、にた色をしていますか。
［長い時間休む］場所の色

③ ほご色が役に立つのは、どんなときですか。
（身をかくすのに役立つ）。

④ □にあうことばを一つえらんで、○をつけましょう。
（　）だから
（○）ところが
（　）しかも

⑤ ほご色でも、どんなとき、だれに食べられますか。
（動いたとき）などには、（鳥やトカゲ）に食べられてしまうことがある。

⑥ 持っているとは、何のことですか。
（ちょっとした動作）を見のがさない、（するどい目のこと）。

⑦ ほご色とは何ということができますか。
［自然のかくし絵］

説明文　ミラクル　ミルク

名前　　　月　　日

次の文章を読んで、後の問いに答えましょう。

まず、一つめのミラクル※は、ヨーグルトへの変身です。動物のミルクを利用しはじめたのは、今のエジプトの近くにすむ人たちです。㋐この地方では、暑いときには日中の気温が五十度近くにもなります。㋑ここにミルクをおきっぱなしにすると、いろいろな菌が空気中からとびこんできて、どんどんふえていきます。㋒このとき、ミルクの中に、にゅうさん菌という菌が入ると、ミルクは変身をはじめます。それまで、水のようにさらっとしていたミルクが、だんだんどろっとしてきます。食べてみると、少しすっぱいあじになります。これが「ヨーグルト」です。ヨーグルトは、人間がミルクから作り出したさいしょの食べ物だといわれています。多くは、牛のミルクから作りますが、国によってらくだややぎのミルクからも作ります。

※ミラクル…ふしぎなこと

（中西 敏夫「みんなと学ぶ 小学校国語 三年上」学校図書）

① 一つめのミラクルは、何ですか。
（ヨーグルトへの変身）

② ㋐この地方とは、どこですか。
（今のエジプトの近く）

③ ㋑こことは、どこですか。
（日中の気温が五十度近くにもなる）ところ

④ ㋒このときとは、いつですか。
（いろいろな菌（きん））が（空気中から）とびこんでくるとき。

⑤ 次の□にあうことばを書きましょう。
［にゅうさん］菌が入ると、ミルクは［変身］をはじめる。

⑥ ⑤は、どうなることですか。
（水のようにさらっとしていた）ミルクが、（だんだんどろっとしてくる）。

⑦ ⑥は、どんなあじですか。
（少しすっぱいあじ）

⑧ ⑥でできたのは、何ですか。
（ヨーグルト）

⑨ ⑧は、どんな食べ物だといわれていますか。
（人間がミルクから作り出したさいしょの食べ物。）

説明文　合図としるし

名前　　月　日

次の文章を読んで、後の問いに答えましょう。

げんかんのチャイムが鳴ると、だれかがたずねてきたことが分かります。また、消防車や救急車、パトロールカーなどは、それぞれちがった音のサイレンを鳴らしながら走ります。

これらは、決まった音を使って、人がたずねてきたことや火事や事故などで急いでいる車が走っていることをわたしたちに知らせてくれます。音には、はなれたところにいる人に、目に見えないことをつたえるというよさがあります。

交差点にある信号機は、青や黄や赤の色で、それぞれ「すすめ」「注意」「止まれ」という合図を出します。また、運動会のリレーでは、組ごとにはちまきやバトンの色をかえて、おたがいの目じるしにします。学校図書館などでは、童話の本には赤、科学の本には青、などとやくそくを決めて、色のシールをはって目じるしにすることもあります。

これらは、色で区別することで、意味や、組み分けやなかま分けがあることをわたしたちに知らせてくれます。色を使った合図やしるしには、見てすぐ分かるというよさがあります。

（『みんなと学ぶ　小学校国語　三年上』学校図書）

① 次の音で、何がわかりますか。

・げんかんのチャイム
（（人が）だれかがたずねてきた）こと。

・消防車や救急車、パトロールカーなどの音のサイレン
（火事や事故などで急いでいる車が走っている）こと。

② 音を使った合図のよさは、何ですか。
（はなれたところにいる人に、目に見えないことをつたえるという）よさ。

③ 信号機の次の色は、それぞれどんな合図を出しますか。
青…（すすめ）　黄…（注意）　赤…（止まれ）

④ 運動会のリレーで、組ごとにはちまきやバトンの色をかえるのは、なぜですか。
（おたがいの目じるしにする）ため。

⑤ 色を区別することは、わたしたちに何を知らせてくれますか。
（意味や、組み分けやなかま分けがあること）を知らせてくれる。

⑥ 色を使った合図やしるしのよさは、何ですか。
（見てすぐ分かるという）よさ。

「よさは、何ですか」と聞かれているので、「〜よさ」と答えているよ

説明文　めだか①

名前　　月　日

次の文章を読んで、後の問いに答えましょう。

1 めだかは、のんびり楽しそうに泳いでいるようですが、いつも、たくさんのてきにねらわれています。「たがめ」や「げんごろう」、「やご」や「みずかまきり」などの、水の中にいるこん虫は、とくにこわいてき（ア）です。大きな魚や「ざりがに」にもおそわれます。

2 では、めだかは、そのようなてきから、どのようにして身を守っているのでしょうか。

3 第一に、めだかは、小川や池の水面近くでくらして、身を守ります。水面近くには、やごやみずかまきりなどの、てきがあまりいないからです。

4 第二に、めだかは、すいっ、すいっとすばやく泳いで、身を守ります。近づいてきたてきから、さっとにげることができるからです。

5 第三に、めだかは、小川や池のそこにもぐっていって、水をにごらせ、身を守ります。近づいてきたてきに見つからないようにかくれることができるからです。

6 第四に、めだかは、何十ぴきも集まって泳ぐことによって、身を守ります。てきを見つけためだかが、きけんがせまっていることを仲間に知らせると、みんなはいっせいにちらばり、てきが目うつりしている間に、にげることができるからです。

（杉浦宏「ひろがる言葉　小学国語　三上」教育出版）

① めだかのアとは、何ですか。
（たがめ）（げんごろう）（やご）（みずかまきり）などの、（水の中）にいる（こん虫）。

② めだかが、水面近くでくらしているのは、なぜですか。
（てきがあまりいない）から

③ めだかが、すばやく泳ぐのは、なぜですか。
（近づいてきたてきから、さっとにげることができるから。）

④ めだかが、小川や池のそこにもぐっていって、水をにごらせるのは、なぜですか。
（近づいてきたてきに見つからないようにかくれることができるから。）

⑤ 6について答えましょう。

㋐ めだかは、どのように泳ぎますか。
（何十ぴきも集まって泳ぐ。）

㋑ きけんを知ると、みんながいっせいにちらばるのは、なぜですか。
（てきが目うつりしている間に、にげることができるから。）

⑥ この文章の問いと答えは、どの段落に書かれていますか。段落の番号を書きましょう。
問い…2　答え…3から6まで

⑦ この文章は、何について書かれていますか。
めだかの［身の守り方］。

「なぜですか」と理由を聞かれているので、「〜から」と答えているよ

説明文　めだか ②

次の文章を読んで、後の問いに答えましょう。

1 めだかの体は、自然のきびしさにもたえられるようになっているのです。

2 夏の間、何日も雨がふらないと、小川や池の水がどんどん少なくなり、「ふな」や「こい」などは、次々に死んでしまいます。ア、めだかは、体が小さいので、わずかにのこされた水たまりでもだいじょうぶです。

3 イ、小さな水たまりでは、水温がどんどん上がりますが、めだかは、四十度近くまでは、水温が上がってもたえられます。

4 ウ、雨がたくさんふって、きけんがせまることもあります。大雨になると、小川や池の水があふれ、めだかは大きな川におし流されてしまいます。大きな川から海に流されてしまうこともあります。ふつう、まみずでくらす魚は、海水では生きることができませんし、海にすむ魚は、まみずの中では死んでしまいます。しかし、めだかの体は、まみずに海水のまざる川口の近くでもたえられるようにできています。海に流されためだかは、やがて、みちしおに乗って、川にもどることもあります。

（杉浦 宏『ひろがる言葉　小学国語　三上』教育出版）

① めだかの体は、どのようになっていますか。
（自然のきびしさにもたえられる）ようになっている。

② ア、イ、ウ にあうことばを［　］からえらんで書きましょう。
［一方　でも　だから　また］
ア でも　イ また　ウ 一方

③ 夏の間、何日も雨がふらないと、小川や川は、どうなりますか。
（水がどんどん少なくなる。）

④ ③のときに、めだかがだいじょうぶなのは、なぜですか。
（体が小さいから）

⑤ めだかは、水温がどのくらいになっても、たえられるのですか。
（四十度近く）まで

⑥ 大雨になると、めだかは、小川や池から、どこへ流れますか。
（大きな川や海）

⑦ 「ふつう」、まみずでくらす魚と、海にすむ魚はどうちがいますか。
まみずでくらす魚（海水では生きることができない。）
海にすむ魚（まみずの中では死んでしまう。）

⑧ 4にせつ明されているめだかの体について、どこでたえられるとありますか。
（まみずに海水のまざる川口近くや海）

説明文　ほしたらどうなる ①

次の文章を読んで、後の問いに答えましょう。

では、わたしたちは、何のために食べ物をほしてから食べるのでしょうか。

ほすことの目的の一つめは、そのままでは食べられないものを食べられるようにすることです。ほしがきは、しぶがきをほして作ります。しぶがきは、そのままではしぶくて食べられません。しかし、ほすことで、しぶ味がぬけてあまくなり、食べられるようになるのです。

ほすことの目的の二つめは、食品を長もちさせることです。生の食べ物をそのままおいておくと、カビなどの目に見えない小さな生き物がくっつき、それらがふえて、くさってしまいます。これは食べ物に水分がふくまれているため、カビなどがふえやすいじょうたいになっているからです。そこで、ほすことによって水分を少なくし、くさりにくく、長もちするようにしているのです。

今ではほとんどの家に冷ぞう庫や冷とう庫がありますが、少し前の日本には、それらがありませんでした。一度にたくさんの魚がとれる場合や、野菜のとれる時期がかぎられている場合はどうなるでしょう。食べきれない分はくさってしまい、むだになってしまいます。そこで、食べ物をそまつにせず、少しでも長い間食べるために、ほすことがひつようだったのです。

（森枝 卓士『みんなと学ぶ　小学校国語　三年上』学校図書）

① ほすことの目的の一つめは、何ですか。
（そのままでは食べられないものを食べられるようにすること。）

② ①のれいにあげられているものは、何ですか。
（ほしがき）

③ ②が食べられるようになるのは、なぜですか。
（ほすことで、しぶ味がぬけてあまくなるから。）

「なぜですか」と理由を聞かれているので、「〜から」と答えているよ

④ ほすことの目的の二つめは、何ですか。
（食品を長持ちさせること。）

⑤ 生の食べものをそのままおいておくと、どうなりますか。
小さな生き物がくっつき、ふえて、（くさってしまう。）

⑥ ⑤のようになるのは、なぜですか。
（食べ物に水分がふくまれているため、カビなどがふえやすいじょうたいになっているから。）

⑦ ほすことによって、どうしているのですか。
（水分を少なく）し、（くさりにくく、長持ちするように）している。

⑧ それらとは、何ですか。
（冷ぞう庫や冷とう庫）

⑨ ⑧がないと、魚や野菜はどうなりますか。
（食べきれない分はくさってしまい、むだになってしまう。）

⑩ ほすことがひつようだったのは、なぜですか。
（食べ物をそまつにせず）、少しでも（長い間食べる）ため。

説明文　ほしたらどうなる②

名前　　　　月　　日

次の文章を読んで、後の問いに答えましょう。

日本にあるほしたものの中で、とくに世界にじまんのできる長もちして味のよいものがあります。かつおぶしです。かつおぶしを作るには、まず、かつおの身だけを取り出し、それをにた後にいぶします。そして、ほすことと人間が食べることのできるカビをつけることをくり返し、できあがります。カビの力を使うことで、ほしただけでは取り切れないくらいの水分がぬけ、かつおぶしは木のようにかたくなり、くさりにくくなります。

　かつおぶしのすばらしさは、くさりにくいだけではありません。うすくけずったかつおぶしを、もとのかつおと食べくらべてみてください。うまみがぎゅっとつまった、とくべつな味がするでしょう。かつおぶしは、おいしいだしを作るためには、かかせないものであることから、日本の和食をささえているとも言えます。

　わたしたちの身近にある、ほしたもの。それは自然のめぐみと昔の人のくふうのけっしょうです。肉や魚、野菜などのそざい。太陽の光と風。そして人の手とちえ。食べ物を大切にし、長もちさせるためのくふうだったほすことに、そざいをおいしくするためのくふうがくわわって、わたしたちは、一年を通しておいしいものが食べられるのです。

（森枝 卓士「みんなと学ぶ 小学校国語 三年上」学校図書）

① かつおぶしは、どんなものですか。
（（日本のあるほしたものの中で、とくに）世界にじまんのできる長もちして味のよいもの。）

② カビの力とは、何ですか。
（ほしただけでは取り切れないくらいの水分をぬく力）

③ ②で、かつおぶしは、どのようになりますか。
（木のようにかたくなり、くさりにくくなる。）

④ うすくけずったかつおぶしの味は、どんな味ですか。
（うまみがぎゅっとつまったとくべつな味。）

⑤ かつおぶしが、和食をささえているとも言えるのは、なぜですか。
（おいしいだしを作るためには、かかせないものであるから。）

⑥ 自然のめぐみとは、何ですか。
（肉や魚、野菜など）のそざい
（太陽の光と風）

⑦ 昔の人のくふうのけっしょうとは、どういうことですか。
食べ物を大切にし、（長もちさせるためのくふうだった）ほすことに、（そざいをおいしくするためのくふうが）くわわっていること。

説明文　すがたをかえる大豆①

名前　　　　月　　日

次の文章を読んで、後の問いに答えましょう。

かたい大豆は、そのままでは食べにくく、消化もよくありません。そのため、昔からいろいろ手をくわえて、おいしく食べるくふうをしてきました。

　いちばん分かりやすいのは、大豆をその形のままいったり、にたりして、やわらかく、おいしくするくふうです。いると、豆まきに使う豆になります。水につけてやわらかくしてからにると、に豆になります。正月のおせちりょうりに使われる黒豆も、に豆の一つです。に豆には、黒、茶、白など、いろいろな色の大豆が使われます。

　次に、こなにひいて食べるくふうがあります。もちやだんごにかけるきなこは、大豆をいって、こなにひいたものです。

　また、大豆にふくまれる大切なえいようだけを取り出して、ちがう食品にするくふうもあります。大豆を一ばん水にひたし、なめらかになるまですりつぶします。これに水をくわえて、かきまぜながら熱します。その後、ぬのを使って中身をしぼり出します。しぼり出したしるににがりというものをくわえると、かたまって、とうふになります。

（国分 牧衛「国語三下 あおぞら」光村図書）

① かたい大豆は、どんな食べ物ですか。
（そのままでは食べにく）く、
（消化もよくない（ありません））

② ①のため、昔からどんなことをしてきましたか。
（いろいろ手をくわえておいしく食べるくふう）

③ いちばん分かりやすいのは、どうすることですか。
（大豆をその形のままいったり、にたりして）やわらかく、おいしくするくふう。

④ 大豆をいると、何になりますか。
（豆まきに使う豆）

⑤ に豆は、どのようにして作りますか。
（大豆を水につけてやわらかくしてからにる。）

⑥ 大豆をこなにしたものは何ですか。
（きなこ）

⑦ 大豆にふくまれる大切なえいようだけを取り出して、ちがう食品にしたものに、何がありますか。
（とうふ）

⑧ ⑦を作るときには、しぼり出したしるに何をくわえると、かたまりますか。
（にがり）

説明文　すがたをかえる大豆　②

名前　　　　月　　日

次の文章を読んで、後の問いに答えましょう。

目に見えない小さな生物の力をかりて、ちがう食品にするくふうもあります。ナットウキンの力をかりたのが、なっとうです。むした大豆にナットウキンをくわえ、あたたかい場所に一日近くおいて作ります。コウジカビの力をかりたものが、みそやしょうゆです。みそを作るには、まず、むした米か麦にコウジカビをまぜたものを用意します。それと、しおを、にてつぶした大豆にくわえてまぜ合わせます。ふたをして、風通しのよい暗い所に半年から一年の間おいておくと、大豆はみそになります。しょうゆも、よくにた作り方をします。

これらの他に、とり入れる時期や育て方をくふうした食べ方もあります。ダイズを、まだわかくてやわらかいうちにとり入れ、さやごとゆでて食べるのが、えだ豆です。また、ダイズのたねを、日光に当てずに水だけをやって育てると、もやしができます。

このように、大豆はいろいろなすがたで食べられています。他の作物にくらべて、こんなに多くの食べ方がくふうされてきたのは、大豆が味もよく、畑の肉といわれるくらいたくさんのえいようをふくんでいるからです。そのうえ、やせた土地にも強く、育てやすいことから、多くのちいきで植えられたためでもあります。大豆のよいところに気づき、食事に取り入れてきた昔の人々のちえにおどろかされます。

（国分 牧衛『国語三下　あおぞら』光村図書）

① 大豆をちがう食品にするために、何の力をかりますか。
（目に見えない小さな生物）の力

② 次のものを作るときにかりる①の名前を書きましょう。
なっとう…（ナットウキン）
みそやしょうゆ…（コウジカビ）

③ なっとうには、どんな大豆を使いますか。
（むした大豆）

④ みそのざいりょうをまぜ合わせた後、どこに、どのくらいおいておくと、みそになりますか。
どこに（風通しのよい暗い所）
どのくらい（半年から一年の間）

⑤ とり入れる時期をくふうしたダイズは、何ですか。
（えだ豆）

⑥ 育て方をくふうしたダイズは、何ですか。
（もやし）

⑦ ⑥はどうしてつくりますか。
（ダイズの　たねを日光に当てずに水だけをやって）育てる。

⑧ 大豆に、くふうされた多くの食べ方があるのは、なぜですか。
大豆は味もよく、たくさんの（えいよう）をふくんでいるし、やせた（土地にも強く、育てやすいこと）から、多くの（ちいきで植えられた）ため。

⑨ 筆者がおどろいていることは、何ですか。
昔の人々のちえ

説明文　ありの行列　①

名前　　　　月　　日

次の文章を読んで、後の問いに答えましょう。

アメリカに、ウィルソンという学者がいます。この人は、次のような実験をして、ありの様子をかんさつしました。

はじめに、ありの巣から少しはなれた所に、ひとつまみのさとうをおきました。しばらくすると一ぴきのありが、そのさとうを見つけました。これは、えさをさがすために、外に出ていたはたらきありです。ありは、[あ]、巣に帰っていきました。[い]、巣の中から、たくさんのはたらきありが、次々と出てきました。そして、列を作って、さとうの所まで行きました。ふしぎなことに、その行列は、はじめのありが巣に帰るときに通った道すじから、外れていないのです。

（大滝 哲也『国語三下　あおぞら』光村図書）

① この人とは、だれですか。
（ウィルソン（という学者））

② 実験で何をかんさつしましたか。
（ありの様子）

③ これは、何をさしますか。
（ひとつまみのさとうを見つけたあり）

④ はたらきありとは、どんなありですか。
（えさをさがすために外に出るあり）

⑤ [あ]と[い]に入ることばを[　]からえらんで、書きましょう。
[あ] やがて　[い] すると
[すると　しかし　やがて]

⑥ ふしぎなこととは、どんなことですか。
（巣の中から出てきたたくさんのはたらきありが作った列は、はじめのありが巣に帰るときに通った道すじから、外れていないこと）

⑦ ありの様子をかんさつした順に、番号を書きましょう。
（3）巣の中から、たくさんのはたらきありが出てきた。
（1）一ぴきのはたらきありが、さとうを見つけた。
（4）ありは、列を作って、さとうの所まで行った。
（2）一ぴきのはたらきありは、巣に帰っていった。

説明文　ありの行列 ②

名前　　　月　　日

次の文章を読んで、後の問いに答えましょう。

1 ウイルソンは、はたらきありの体の仕組みを、細かに研究してみました。すると、ありは、おしりのところから、とくべつのえきを出すことが分かりました。ア それは、においのある、じょうはつしやすいえきです。

2 イ この研究から、ウイルソンは、ありの行列のできるわけを知ることができました。

3 はたらきありは、えさを見つけると、道しるべとして、地面にこのえきをつけながら帰るのです。他のはたらきありたちは、そのにおいをかいで、においにそって歩いていきます。そして、そのはたらきありたちも、えさを持って帰るときに、同じように、えきを地面につけながら歩くのです。□、えさが多いほど、においが強くなります。

4 ウ このように、においをたどって、えさの所へ行ったり、巣に帰ったりするので、ありの行列ができるというわけです。

（大滝 哲也『国語三下　あおぞら』光村図書）

① ウイルソンは何を研究しましたか。
（はたらきありの体の仕組み）

② どんなことが分かりましたか。
ありは、（おしりのところ）から、（とくべつのえきを出す）ことが分かった。

③ ア それは、どんなえきですか。
（においのある、じょうはつしやすい）えき

④ イ この研究から、ウイルソンは何を知ることができましたか。
（ありの行列のできるわけ）

⑤ はたらきありが、地面にえきをつけながら帰るのは、なぜですか。
（道しるべ）とするため

⑥ □にあうことばをえらんで、○をつけましょう。
（○）そのため
（　）しかし
（　）ところで

⑦ ウ このようには、1から3のどのまとまりをさしていますか。
3のまとまり

⑧ なぜ、ありの行列ができるのですか。
においをたどって、えさの所へ行ったり、巣に帰ったりするから。

説明文　人をつつむ形

名前　　　月　　日

次の文章を読んで、後の問いに答えましょう。

大草原の白い家——モンゴル

見わたすかぎりの草原に点々と白いものがあります。近づくと、それは何かをつつんだような形をしているのが分かります。羊や馬を放牧してくらす人々の家、ゲルです。

ゲルは、移動できる組み立て式の家で、水を手に入れやすく、羊や馬が食べる草が生える所にたてられます。家のほね組みは木でできていて、そのほね組みをフェルトでおおうと、すぐに家を組み立てることができます。

フェルトは羊の毛でできているため、きびしい冬の寒さをしのぐことができます。

屋根がさかさま——セネガル

エルバリン村は、大きな川が海に注ぐ所の近くにあります。人々は、田で米を作ったり、川で魚や貝をとったりして生活しています。

この村の中心にある家の屋根は、じょうごのような形をしています。井戸をほってもしおからい水しか出ないため、屋根で雨水を家の中に取りこんで、飲み水として利用するのです。

この家の屋根は、米をしゅうかくした後にできるわらで作られ、近くにたくさん生えているマングローブのみきでささえられています。

（小松 義夫『新しい国語 三下』東京書籍）

① 草原に点々とある白いものは、どんな形をしていますか。
（何かをつつんだような）形

② ①は、何ですか。
（羊や馬を放牧してくらす人々の家。）

③ ②の名前は、何ですか。（ゲル）

④ ③は、どんなところにたてられますか。
（水を手に入れやすく）、（羊や馬が食べる草が生える）所。

⑤ ③は、どうやって作りますか。
（木）でできたほね組みを（羊の毛）でできた（フェルト）でおおう。

⑥ エルバリン村の中心にある家の屋根は、どんな形をしていますか。
（じょうごのような）形

⑦ なぜ、そんな形の屋根なのですか。
屋根で（雨水を家の中に取りこんで）、（飲み水として利用する）ため。

⑧ エルバリン村は、井戸をほっても、しおからい水しか出ないのは、なぜですか。
（大きな川が海に注ぐ所の近くにあるから。）

⑨ 屋根は、何で作られていますか。
（米をしゅうかくした後にできるわら）

⑩ 屋根をささえているのは、何ですか。
（マングローブのみき）

俳句

名前　　　月　　日

❶ 次の文の（　）にあてはまる漢数字やことばを書きましょう。

① 俳句は、ふつう（五）・（七）・（五）の（十七）音からできています。

② 俳句には、きせつを表すことば――（季語）を入れて作るという決まりがあります。

❷ 次の俳句を読んで、問いに答えましょう。

① 雪とけて村いっぱいの子どもかな　小林　一茶
② ひっぱれる糸まっすぐや甲虫　高野　素十
③ 赤とんぼ筑波に雲もなかりけり　正岡　子規
④ スケートのひもむすぶ間もはやりつつ　山口　誓子
⑤ 山路来て何やらゆかしすみれ草　松尾　芭蕉
⑥ さみだれや大河を前に家二軒　与謝　蕪村

(1) 次の俳句の季語ときせつを書きましょう。（⑥をれいにして）

	季語	きせつ
①	雪とけて	春
②	甲虫	夏
③	赤とんぼ	秋
④	スケート	冬
⑤	すみれ草	春
⑥	さみだれ	夏

(2) 次の文はどの俳句について書かれたものでしょうか。□に番号を書きましょう。

ア あまり人の通らない山道でふと見つけたすみれの花。なんとも言えずかわいらしい。　⑤

イ 雪がとけて、たくさんの子どもたちが待ちかねたように、いっせいに村中で遊び回っている。　①

ウ 赤とんぼが飛んでいる空は、まっ青にすみきっている。遠くに筑波山が見える。　③

エ スケートぐつのひもをむすんでいる間も心がいそぐ。早くすべりたい。　④

オ 雨がふりつづいて、川の水かさがふえた。はげしく流れる大きな川の岸に、不安そうな二けんの家がある。　⑥

カ 糸でくくりつけられたカブトムシがにげようとして、糸がぴんとはっている。　②

ことわざ

名前　　　月　　日

❶ 次のことわざの意味と同じ意味のことわざを、□からえらんで書きましょう。

① さるも木から落ちる　かっぱの川流れ　弘法にも筆のあやまり

② 馬の耳にねんぶつ　ねこに小ばん　ぶたに真じゅ

③ 石橋をたたいてわたる　ねんにはねんを入れる

④ あぶはち取らず　二とを追う者は一とをもえず

ねこに小ばん　二とを追う者は一とをもえず　ぶたに真じゅ
ねんにはねんを入れる　かっぱの川流れ　弘法にも筆のあやまり

❷ 次のことわざの意味にあうものを□からえらんで、記号を書きましょう。

① ちりもつもれば山となる　（㋔）
② 百聞は一見にしかず　（㋓）
③ さばを読む　（㋑）
④ 三人よれば文じゅの知え　（㋕）
⑤ 千里の道も一歩から　（㋐）
⑥ 泣き面にはち　（㋖）
⑦ 七転び八起き　（㋒）

㋐ どんなに大きな計画や事業でも、地道な一つ一つの作業から始まるということ。
㋑ 自分の都合のいいように、数をごまかして数えること。
㋒ 何度失敗しても、くじけずにがんばること。
㋓ 何度も人の話を聞くよりも、自分の目で一度見るほうがずっとたしかであること。
㋔ とても小さなものでも、つもりつもれば、山のように大きなものになること。
㋕ どんな問題でも、三人集まって考えれば、よい考えがわいてくるものだということ。
㋖ つらいことや苦しいことがあるのに、さらに悪いことが起こること。

ローマ字①

名前　　月　　日

1 次のローマ字の読み方をひらがなで書きましょう。

① ari（あり）　② sakana（さかな）　③ nanohana（なのはな）

④ kumo（くも）　⑤ takenoko（たけのこ）　⑥ husigi（ふしぎ）

⑦ megane（めがね）　⑧ yasai（やさい）　⑨ renkon（れんこん）

⑩ wasabi（わさび）　⑪ genki（げんき）　⑫ banana（ばなな）

2 次のローマ字の読み方を、ひらがなで書きましょう。

① kôtei（こうてい）　② hôsenka（ほうせんか）　③ yôkan（ようかん）

④ tôdai（とうだい）　⑤ sansû（さんすう）　⑥ bôken（ぼうけん）

ローマ字表記は、アルファベットを使った日本語の書き方です。
ここでは、国語の授業で習うつづり方（訓令式）で書いてみましょう。

3 次のことばをローマ字で書きましょう。

① えほん ehon　② くすり kusuri　③ せかい sekai

④ とんぼ tonbo　⑤ ぬりえ nurie　⑥ はなび hanabi

⑦ パンダ panda　⑧ みどり midori　⑨ ゆきぐに yukiguni

⑩ わかめ wakame　⑪ りんご ringo　⑫ だいこん daikon

4 次のことばをローマ字で書きましょう。

① ひこうき hikôki　② ふうせん hûsen　③ ゆうれい yûrei

④ おかあさん okâsan　⑤ おねえさん onêsan　⑥ そうじ sôzi

「＾」は、のばす音を表す「a、i、u、e、o」の上に書きます。

ローマ字②

名前　　月　　日

1 次のローマ字の読み方をひらがなで書きましょう。

① kingyo（きんぎょ）　② tosyositu（としょしつ）　③ tyawan（ちゃわん）

④ syûzi（しゅうじ）　⑤ kyûkyûsya（きゅうきゅうしゃ）　⑥ gyûnyû（ぎゅうにゅう）

⑦ kitte（きって）　⑧ nekko（ねっこ）　⑨ sippo（しっぽ）

⑩ takkyû（たっきゅう）　⑪ gakki（がっき）　⑫ bikkuri（びっくり）

2 次のローマ字の読み方をひらがなで書きましょう。

① kin' iro（きんいろ）　② sen' en（せんえん）　③ ten' in（てんいん）

④ hon' ya（ほんや）　⑤ sin' yû（しんゆう）　⑥ kin' yôbi（きんようび）

ローマ字表記は、アルファベットを使った日本語の書き方です。
ここでは、国語の授業で習うつづり方（訓令式）で書いてみましょう。

3 次のことばをローマ字で書きましょう。

① でんしゃ densya　② おもちゃ omotya　③ りょかん ryokan

④ きゅうり kyûri　⑤ しょうねん syônen　⑥ ちゅうしゃ tyûsya

⑦ かっぱ kappa　⑧ きっぷ kippu　⑨ にっき nikki

⑩ がっこう gakkô　⑪ バッタ batta　⑫ しゃっくり syakkuri

4 次のことばをローマ字で書きましょう。

① きんえん kin' en　② ふんいき hun' iki　③ まんいん man' in

④ じゅんい zyun' i　⑤ こんや kon' ya　⑥ パンや pan' ya

「 ' 」は、はねる音「ん（n）」の後に
a・i・u・e・oやyが来るときつけます。

ローマ字③

名前　　月　日

ローマ字で地名や人名を書くときは、はじめの１文字を大文字で書きます。

① れいのように、地名・名前をローマ字で書きましょう。

〈れい〉 なら Nara

① ほっかいどう　Hokkaidô

② とうきょう　Tôkyô

③ ひろしま　Hirosima
(Hiroshima)

④ おきなわ　Okinawa

⑤ びわこ　Biwako

⑥ しなのがわ　Sinanogawa
(Shinanogawa)

② れいのように、人名をローマ字で書きましょう。

〈れい〉 さか本りょうま Sakamoto-Ryôma

① 夏目そう石　Natume-Sôseki
(Natsume-Sôseki)

② ひ口一葉　Higuti-Itiyô
(Higuchi-Ichiyô)

ローマ字には、訓令式と少しちがう書き方のヘボン式があります。

	訓令式	ヘボン式		訓令式	ヘボン式		訓令式	ヘボン式
し	si	shi	ち	ti	chi	じ(ぢ)	zi	ji
しゃ	sya	sha	ちゃ	tya	cha	じゃ(ぢゃ)	zya	ja
しゅ	syu	shu	ちゅ	tyu	chu	じゅ(ぢゅ)	zyu	ju
しょ	syo	sho	ちょ	tyo	cho	じょ(ぢょ)	zyo	jo
つ	tu	tsu	ふ	hu	fu	を	o	o (wo)

③ 表を見て、読み方をひらがなで書きましょう。

① shashin　(しゃしん)

② shôbôsha　(しょうぼうしゃ)

③ tsuki　(つき)

④ michi　(みち)

⑤ ryokucha　(りょくちゃ)

⑥ jagaimo　(じゃがいも)

⑦ Kotoshi no natsu wa atsui.
(ことしのなつはあつい。)

⑧ Ojisan ni omocha o moraimashita.
(おじさんにおもちゃをもらいました。)

⑨ Chûrippu ni chôcho ga chikazuita.
(ちゅーりっぷにちょうちょがちかづいた。)

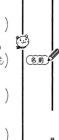